ENTREPRENEURS, BATISSEURS & EXPLOITANTS

*Les personnes dont vous avez besoin pour
réussir le changement*

KENNETH E. FIELDS

TEAM FIELDS PUBLISHING

A Kenton et Kade

Dans vingt ans, vous serez plus déçu par ce que vous n'avez pas fait que par ce que vous avez fait. Alors, lâchez les rênes. Éloignez-vous de la zone sûre. Laissez-vous emporter par les vents alizés.
Explorez.
Rêvez.
Découvrez.

- Sarah Frances Brown
(de <u>P.S. I Love You</u> par H. Jackson Brown Jr.)

Remerciements

Je tiens à remercier :

Miles Terry, qui m'a aidé à formaliser l'idée principale lors d'une conversation tard un soir devant un Home Depot à Greenville, SC.

Jeff White, qui n'a jamais cessé de demander : «Comment va le livre ?»

Danny Branyon, qui a fait vivre le rêve lors de plusieurs conversations au Bui-Bui à Clermont-Ferrand en France.

Johannes Mutzke pour sa perspicacité, son soutien et ses précieux commentaires.

Peter Ramirez et Melody Mosley pour leurs commentaires sur le manuscrit initial.

Tarik Khachiaa de Trust2do (trust2do.net) pour son aide avec la traduction initiale de français en anglais.

Guillaume Puiseux pour son aide au fignolage du français, ses années d'amitié (incluant le Cantal Vieux), et son soutien personnel et professionnel.

Mon père, Jim Fields. Voilà mon premier livre, maintenant c'est à toi. Depuis 1996, chaque année est un cadeau. Merci, Gayle, de prendre si bien soin de lui.

Ma mère, Gwin St. John, pour m'avoir fait courir jusqu'à la maison après avoir voulu quitter l'équipe d'athlétisme de la sixième année. Tout ce qui est assez important à commencer est assez important à finir.

Bob et Judy Galbert pour m'avoir accueilli dans votre famille et pour avoir élevé une si merveilleuse fille.

Ma charmante épouse intelligente, drôle et belle (de l'intérieur comme de l'extérieur), Kelly Fields, qui a toujours cru que je pouvais le faire. Tu es une merveilleuse mère et une épouse très compréhensive. Je suis béni de t'avoir dans ma vie.

Table des Matières

Prologue

Le moment était venu. Le propriétaire de la vieille maison située au 816 W. Main Street avait décidé de peindre la chambre de son fils. La vieille maison avait déjà des murs blancs, mais T.J. et sa femme, Jill, voulaient quelque chose de différent pour leur premier enfant qui devait arriver en février. Après avoir passé ce qui semblait être des heures (même si cela faisait à peine une vingtaine de minutes) de leur samedi matin à regarder des morceaux de papier coloré, ils avaient choisi le bleu turquoise de chez MastersPaint. Il correspondait au thème que Jill avait vu dans un magazine pour bébés parmi les centaines qui se présentaient à leur porte. T.J. espérait, inconsciemment, encourager son fils à aimer le plein air et les arbres, les oiseaux et toutes ces choses qui le font rêver.

T.J. et Jill n'étaient mariés que depuis quelques années lorsqu'ils ont compris qu'avoir des enfants ne serait peut-être pas aussi facile que pour les autres couples. Après de nombreux avis médicaux, autant de consultations et de traitements, ils avaient presque perdu espoir jusqu'à il y a sept mois, lorsque Jill avait annoncé qu'elle était peut-être enceinte. Après un test de grossesse positif, ils étaient tout excités, en état de choc et déjà amoureux d'un petit bébé qui devait arriver le 8 février prochain, jour de l'anniversaire du grand-père décédé de Jill.

Et cela nous ramène à la chambre blanche vide qui allait bientôt devenir un carrefour de couches-culottes, de bavoirs, de canards en peluche, de petits vêtements et de séances de bercement nocturnes. Une chambre simple uniformément blanche ne conviendrait certainement pas. Donc, avec le pot du Bleu Turquoise en main, T.J. se dirigeait vers la section des fournitures de peinture pendant que Jill allait voir les range-placards.

Le magasin McKinney Hardware fournissait les bricoleurs depuis plus de quatre-vingts ans et T.J. se souvenait avoir parcouru ses allées bien approvisionnées lorsqu'il était enfant en compagnie de son père. Il arriva rapidement aux fournitures de peinture et commença à scruter méthodiquement chaque étagère. Il fut un peu étonné par le nombre de références disponibles. Il y avait des manchons en bleu, rose et crème avec des poils de 5 mm à 10,5 mm, des pinceaux droits et coudés de 25 mm à 75 mm. Finalement, il vit aussi des pinceaux en mousse de 25 mm à 100 mm. Du choix, du choix et encore du choix.

Comme il n'avait qu'une seule pièce à peindre, T.J. était certain de n'avoir besoin que de quelques manchons et d'un rouleau. Il parcourut les manchons et opta finalement pour un paquet de trois en 10,5 mm de la marque Entrepreneur : «Au début du monde de la peinture». L'emballage bleu et blanc offrait une «couverture maximale» et promettait «Le seul manchon dont vous aurez besoin !» Ça avait l'air bien, parce qu'avec le bébé qui arrivait, T.J. et Jill avaient un budget serré. Ce choix fait, T.J. ajouta un rouleau de ruban adhésif bleu, un combo rouleau et bac ainsi qu'une bâche en plastique.

Il portait ses articles en direction du rayon des fournitures de placards quand il rencontra Jill. « Tu as trouvé quelque chose ?» demanda-t-il.

«Je ne sais pas, chéri, dit-elle, il y a beaucoup de choix, mais je n'ai pas trouvé ce que je cherchais.»

T.J. mis son bras autour d'elle et la serra. «Il nous reste encore quelques mois, on va continuer à chercher.» Alors qu'ils s'avançaient vers l'avant du magasin, T.J. aperçu l'actuel propriétaire de McKinney

Hardware, Reid McKinney. Il était facilement reconnaissable par ses cheveux blancs. Après avoir géré le magasin pendant près de soixante ans, le père de Reid, Richard, avait cédé le magasin à son fils il y a plus de vingt ans. T.J. avait connu Reid presque toute sa vie, depuis la période où Reid a entraîné son équipe de la petite ligue de baseball, les Rotary Reds.

Pendant que T.J. posait ses rouleaux de peinture et autres fournitures sur le comptoir usé, Reid attira son attention et sourit. «Comment ça va, T.J. ?», a-t-il demandé.

«Très bien, Reid merci», répondit T.J.

«Et toi Jill, comment te sens-tu ? Tu gardes ce garçon en forme ?»

Jill sourit. «Je fais de mon mieux, M. McKinney.»

«Appelle-moi Reid.... M. McKinney n'est plus un habitué ici depuis des années ! On dirait que vous vous préparez à peindre quelque chose... peut-être la chambre du bébé ? Chaque maman doit préparer le nid pour ses bébés oiseaux ! Je me souviens quand Martha et moi étions en train de nous préparer pour notre premier dit Reid en riant. On aurait dit qu'elle réorganisait toute la maison ! Elle a alphabétisé le garde-manger, la bibliothèque, entre autres choses. Quoi qu'il en soit, voyons ce que vous avez là. Peinture, rouleaux, bâche...» En disant le nom de chaque article, Reid saisissait son prix sur l'ancienne caisse enregistreuse en se fiant à sa propre mémoire. Il n'avait jamais éprouvé le besoin de recourir à l'un de ces lecteurs de codes à barres sophistiqués, et en plus, cela lui donnait l'occasion de baisser le prix de sa marchandise d'un dollar ou deux quand il pensait que les gens avaient besoin d'aide. Alors qu'il saisissait le prix des derniers articles et les plaçait dans un sac en papier brun ordinaire, un regard perplexe lui traversa le visage.

«Alors, T.J., tu as des pinceaux à la maison ?» demanda Reid.

«Non,» dit T.J., «c'est la première fois que nous peignons quoi que ce soit, alors nous sommes venus ici pour tout acheter.»

Reid sourit d'un sourire complice. Eh bien, nous apprécions vraiment votre visite. Je suppose qu'on se reverra ici très bientôt.»

T.J. tendit la main droite pour serrer celle de Reid et froissa le haut du sac en papier en le prenant avec sa main gauche. «À plus tard Reid !» dit T.J. en sortant avec Jill.

Alors que T.J. et Jill rentraient en voiture chez eux, ils étaient tous les deux absorbés par leurs propres pensées. Jill visualisait la chambre du bébé, avec ses joyeux murs bleus et ses meubles blancs. Elle imaginait une jolie scène de jungle sur le mur et, bien sûr, un bébé qui roucoule dans le berceau en souriant à sa mère. T.J. lui en revanche ne pouvait pas s'arrêter de penser à certains problèmes qu'il avait récemment rencontré au travail. Il avait rejoint Lackey & Durham, un fabricant local, il y a un peu plus de cinq ans et était chef d'équipe depuis deux ans. T.J. était convaincu qu'Andy, son ancien patron, était le meilleur gérant d'atelier que l'on puisse espérer avoir. Cependant, il venait tout récemment d'avoir un nouveau patron avec lequel il n'était pas aussi facile de travailler. Cette réflexion fut brusquement interrompue lorsque Jill se mit à crier.

Chapitre Premier

Lâche le klaxon mec, on est tous coincés au feu rouge ici ! pensa T.J. Le son était si fort qu'on aurait dit qu'il était dans sa tête. Puis il entendit un doux gémissement à côté de lui. Jill ! T.J. secoua la tête et ouvrit les yeux. Jill était encore à côté de lui, le regardant, les yeux écarquillés de peur. Elle tenait son ventre. «Est-ce que ça va ?» demanda T. J.

Elle hocha la tête. «Je crois que j'ai les premières contractions !»

Cela rendit brusquement T.J. pleinement conscient. Il se détacha du volant et le klaxon de la voiture s'arrêta. Puis, sortant du côté conducteur, il essaya de faire le tour de la voiture. Ce faisant, il comprit la raison du cri initial de Jill : Une Dodge verte des années 1960 avait ignoré le feu de circulation et était venue percuter leur voiture du côté passager. La conductrice était une petite femme de caractère, aux cheveux blancs, marchant en rond, agitant les mains. Jill ne descendrait pas de la voiture de la même façon qu'elle était montée.

Alors que T.J. retournait à sa porte, une femme policière arriva.

«Est-ce que quelqu'un est blessé ?» demanda-t-elle.

«Ma femme est enceinte de sept mois et elle a commencé l'accouchement !» T.J. a crié en ouvrant la portière côté conducteur pour aider Jill à sortir de la voiture. Secouée, Jill enjamba la console centrale et se retrouva du côté conducteur avant de se retourner pour faire face à l'officier. Elle porta soudainement ses mains vers son ventre et gémit.

«Allons à l'hôpital tout de suite.», dit l'officier. «Je suis l'officier Bishop. Et si vous et votre mari montiez à l'arrière de ma voiture de patrouille et je vous y emmènerai immédiatement.»

Alors que la voiture de police se dirigeait à toute vitesse vers l'hôpital Memorial sirène hurlante, Jill serrait très fort la main de T.J. toutes les quatre-vingt-dix secondes. L'officier Bishop était sur la radio pour communiquer la situation à l'hôpital. Lorsqu'elle arrêta la voiture dans l'entrée couverte marquée

URGENCES en grosses lettres blanches sur un panneau rouge, une infirmière attendait déjà avec un fauteuil roulant. L'infirmière ouvrit la porte de Jill et l'aida à s'asseoir sur la chaise. Elle fit un sourire serré à T.J. et dit : «Merci, officier, on s'en occupe maintenant.» T.J. venait par l'arrière de la voiture pour suivre Jill, quand l'officier Bishop lui dit : «Monsieur, je sais que vous voulez être avec votre femme mais je dois vous poser quelques questions sur l'accident». T.J. a d'abord été surpris, mais il décida qu'il devrait le faire tôt ou tard et il dit à Jill : «Je serai avec toi aussi vite que possible. Je t'aime !»

L'officier s'est montré efficace et a pris une déclaration officielle de T.J. en moins de dix minutes. Elle l'a remercié de sa coopération et s'est préparée à rejoindre ses collègues encore présents sur les lieux de l'accident. Elle avait assuré à T.J. qu'il n'avait rien à craindre et lui a rappelé de contacter son agent d'assurance. Il décida de passer cet appel alors qu'il se dirigeait vers l'intérieur. Après avoir expliqué la situation à Harold, l'agent d'assurance que ses parents connaissaient depuis plus de trente ans, il faillit courir au bureau des admissions pour se renseigner sur Jill. Il retrouva au bureau la même infirmière qui avait accueilli Jill à l'entrée des urgences. «M. Hughes,» dit-elle, «Je m'appelle Sarah, je suis infirmière ici et je peux vous conduire à votre femme maintenant.» T.J. était tellement reconnaissant qu'il faillit l'embrasser.

Il suivit l'infirmière dans le couloir. Elle s'arrêta devant une porte avec une plaque en plastique avec grain de bois portant le numéro *105*. «Votre femme est ici. On lui a donné des médicaments pour ralentir les contractions, donc elle peut sembler un peu étourdie. J'enverrai le médecin pour vous donner des nouvelles.» T.J. hésita en ouvrant la porte. Ils avaient attendu ce bébé si longtemps. Pourrait-il même rencontrer son fils ? Sa femme allait-elle bien ? Toutes ces questions semblaient anodines car elles étaient sans réponse de ce côté-ci de la porte, mais après l'avoir ouverte, sa vie pourrait ne plus jamais être la même. Il chuchota une prière alors qu'il tournait la poignée et fit un pas dans la pièce sombre.

Chapitre Deux

« **J**ill,» chuchota-t-il. Il fit un pas de plus dans la pièce et, au fur et à mesure que ses yeux s'adaptaient, il se rendit compte qu'en quelques minutes, sa femme était passée du statut de femme enceinte à celui de patiente hospitalisée à haut risque. Elle ouvrit les yeux au moment où il fermait la porte derrière lui. «Hé» dit-elle en souriant doucement.

Il mit sa main sur son visage. «Hé», dit-il. «Ça va ? On dirait que beaucoup de choses sont en train de se passer.» Soudain, T.J. se rendit compte d'un bruit répétitif qui lui rappelait un cheval au galop. Qu'est-ce que c'était ? «Jill» demanda-t-il, «C'est quoi ce bruit ? C'est ton cœur ?»

«Non», répondit Jill, alors qu'une larme coulait sur sa joue. «C'est celui du bébé.»

Ils ont écouté silencieusement pendant ce qui leur a semblé être une demi-heure, en admirant ce lien unique qui les unissait à leur enfant. T.J. s'assit à côté du lit et prit la main de Jill. En le faisant, il a remarqué quelque chose de dur sur le dos de sa main. Il y avait une poche de perfusion reliée à elle par un tube. «Qu'est-ce que c'est ?» dit-il. «Magnésium quelque chose», répondit Jill. «Le docteur a dit que ça ralentirait les contractions, mais ça pourrait me faire sentir un peu bizarre jusqu'à ce qu'ils arrêtent de me le donner.» «Comment ca va toi ?» demanda-t-elle. Honnêtement, T.J. n'avait pas pris le temps de penser à lui. Il se leva, s'étira et s'assit à nouveau. «J'aurai un peu mal demain, mais tout semble fonctionner. Tu as besoin de quelque chose ?» «Non, répondit Jill, mais je vais fermer les yeux un moment. Un des médicaments qu'ils m'ont donné me donne envie de dormir un peu.» T.J. resta dans la chambre, frottant la main de Jill et écoutant le battement de cœur incroyable de son fils jusqu'à ce que Jill s'endorme. Il se leva ensuite discrètement, ferma les rideaux pour assombrir la chambre et retourna dans le couloir à la recherche de quelqu'un qui pourrait lui dire quand Jill pourrait rentrer à la maison.

Alors qu'il tournait à droite dans le couloir, T.J. faillit heurter quelqu'un.

«M. Hughes ?» demanda la personne.

«Oui», répondit T.J.

«Je suis le Dr Chittick ; je pense que vous avez rencontré ma femme, Sarah, à votre arrivée. Et si on sortait un instant ?» Alors qu'ils marchaient, le médecin poursuivit : «À la suite de l'accident, votre femme est entrée en accouchement prématuré. Les contractions étaient fortes mais nous semblons les avoir sous contrôle. Nous lui donnons du sulfate de magnésium et nous continuerons à le faire pendant les 24 prochaines heures. Par la suite, nous la garderons sous observation 24 heures de plus pour nous assurer que les contractions ont cessé. D'après ce que nous constatons, elle devra peut-être prendre des médicaments à titre préventif pour le reste de la période de grossesse, mais je ne crains pas que le bébé naisse avant terme.» T.J. poussa un soupir de soulagement. Le Dr Chittick a ensuite poursuivi : «Je suis sûr que vous et votre femme avez très peur en ce moment, alors n'hésitez pas à poser toutes les questions que vous voulez.» Femme OK, c'est bon. Bébé OK, c'est bon. Non, T.J. n'avait pas de questions à ce moment. Il remercia le médecin et retourna dans la chambre de sa femme. La femme du Dr Chittick, l'infirmière, était là pour vérifier le rythme cardiaque de Jill.

«M. Hughes, dit-elle, votre femme dormira quelques heures, alors vous pouvez rentrer chez vous pour vous reposer un peu. Elle devrait se réveiller cet après-midi.»

T.J. décida que ce serait une bonne idée de faire reposer son cerveau, alors il remercia l'infirmière et s'est dirigé vers sa voiture. En se rendant à la porte d'entrée, il s'est souvenu qu'il avait laissé sa voiture au milieu de la route lorsque l'agent de police les avait emmenés à l'hôpital. Comment allait-il la récupérer ? Perdu dans ses pensées, il fut surpris lorsqu'une autre infirmière à l'accueil appela son nom. «T.J. Hughes ?» demanda-t-elle. Son regard effrayé répondit à sa question. «L'officier Bishop a laissé cette carte pour vous. Elle a dit que vous pouviez réclamer les effets personnels laissés dans votre voiture ici.» T.J. regarda la carte de visite qu'elle lui a donnée. En noir simple, le texte indiquait l'adresse de la fourrière municipale : County Police Impound Lot, 2995 Stanley Valley Road, (555) 272-3442. Il remercia l'infirmière et se dirigea dehors sous la lumière du soleil en fin de matinée.

Chapitre Trois

Alors que midi approchait, T.J. et son ami Shawn arrivèrent devant la fourrière, le gravier crissant sous les pneus. L'agent en service avait reconnu la voiture de Shawn et sortit pour ouvrir la porte à mailles de chaîne de huit pieds de hauteur. «J'ai entendu parler de l'épave, T.J.», a dit le shérif adjoint Biggs. «Comment tu te sens ?»

«Pas mal, répondit T.J., Jill va rester à l'hôpital pour quelques jours. Je rentre juste après avoir vidé la voiture. Nous avons laissé quelques affaires là-dedans.»

«Je peux comprendre que vous étiez pressés», a dit le shérif adjoint. «La dépanneuse vient d'amener ta voiture... c'est au bout de la première rangée.»

Shawn entra dans le bâtiment principal chauffé avec le shérif adjoint Biggs, un ami depuis la maternelle. «Comment va-t-il ?» demanda le shérif adjoint.

«Pas mal, Jason» répondit Shawn. «Il est encore un peu sous le choc vu la tournure rapide des événements.»

«Oui, répondit Jason, une minute tu traînes avec ta femme un samedi, l'instant d'après, tu es là, à regarder ta voiture en ruines.»

«Dans quel état est la voiture ?» demanda Shawn.

«Elle n'a pas l'air d'avoir trop de mal, mais on en voit de toutes sortes ici. J'ai appris qu'il n'y a pas vraiment de rapport entre l'état de la voiture et les blessures des gens impliqués.»

Alors que ses amis parlaient de l'état de sa voiture, T.J. l'évaluait en personne. Le panneau de carrosserie avant droit était considérablement endommagé. Un peu de peinture verte était visible près du pare-chocs. Les pneus semblaient en bon état, mais il y avait aussi des éraflures. On ne savait pas ce que l'agent d'assurance dirait. T.J. soupira en s'approchant de la porte passagère. Il saisit la poignée et tira. Rien. Instinctivement, ses yeux ont alors suivi le contour de la porte jusqu'à l'espace entre la porte et le panneau de carrosserie avant. Il pouvait voir une grosse bosse à l'endroit où la tôle était pliée, ce qui empêchait la porte de s'ouvrir. Quelle était la largeur de la voiture de cette femme ? T.J. tira la porte une nouvelle fois de toute ses forces. Rien. Il fit le tour de la voiture jusqu'à la porte du côté du conducteur qu'il put ouvrir normalement. Il sortit tous les papiers d'assurance et de propriété de la boîte à gants. Il a trouvé sous eux un stylo, une jauge de pression des pneus.... juste quelques bricoles. Il regarda où Jill était assise. De l'intérieur de la voiture, tout semblait normal. Le chocolat chaud de Jill lors de leur précédente visite au Donut Hole était maintenant froid. Il l'a sorti de la console et l'a mis sur le toit de la voiture pour l'emporter avec lui. Rien d'autre ne se trouvait à l'avant. Quelques jours auparavant, il venait de nettoyer la voiture, l'arrière et le coffre étaient donc vides. Il se retourna et se rappela le chocolat chaud refroidi de Jill sur le toit de la voiture.

Alors qu'il se retournait, quelque chose de brun sur la banquette arrière attira son attention. C'était le sac en papier de fournitures de peinture de McKinney's. On aurait dit que ce petit tour de shopping était il y a une éternité. Il ouvrit la portière arrière côté conducteur et mit dans le sac tout ce qu'il avait ramassé de la voiture. Il a alors pris le sac et la peinture et les a posés sur le sol. Alors qu'il fermait la porte, il a instinctivement sorti ses clés pour verrouiller la voiture. Il se moquait de lui-même.... pas besoin de verrouiller une voiture vide que personne ne peut conduire et qui est enfermée derrière une clôture de huit pieds gardée par un shérif adjoint, non ? Il sourit, se pencha pour ramasser le sac et la peinture, et, submergé par les émotions du matin, se mit à pleurer.

Chapitre Quatre

En mettant les affaires de la voiture de T.J. dans le camion de Shawn, les traces de larmes sur le visage de T.J. étaient évidentes. Shawn n'était pas à l'aise quand quelqu'un pleurait, surtout quelqu'un qu'il connaissait depuis le CP. «Alors, comment va le travail ?» demanda Shawn essayant d'alléger l'ambiance.

La question a brièvement envoyé T.J. dans un état de déjà-vu. Il pensait au travail quand l'accident s'est produit. Il secoua la tête pour se débarrasser de cette sensation. «Eh bien, Hoyt, mon nouveau patron, est aussi différent que le jour et la nuit par rapport à Andy «, commença T.J., reconnaissant d'avoir l'occasion de penser à autre chose que ce qui se passe à l'hôpital.

«Andy se préoccupait toujours de la vue d'ensemble, de la façon dont tous les éléments s'assemblent pour que Lackey & Durham restent pertinents.» L'entreprise de 50 ans était l'un des principaux employeurs de la ville et Andy avait récemment été promu à un poste au sein de l'équipe de direction de l'usine. «Hoyt lui en revanche peut repérer un moucheron sur une bûche à deux cents mètres, comme disait mon grand-père Jim. Il semble plus intéressé à s'assurer que le plancher de l'atelier est propre et les pinces rangées au bon endroit que par les améliorations qui nous permettront de tenir encore une cinquantaine d'années.»

«Ça ne fait que quelques semaines qu'il est dans son poste» dit Shawn, «ça ne peut que s'améliorer.» T.J. n'en était pas si sûr.

T.J. soupirait fort en arrivant dans la rue de sa maison. La voiture de Jill était exactement là où elle devait être et le porche à colonnes où ils aimaient tous les deux s'asseoir dans la balançoire n'avait pas bougé. Au moins, certaines choses étaient stables. Alors qu'il sortait de la voiture, il remercia Shawn pour son aide et son temps. Son pied toucha légèrement le sac. Il se sentait un peu bête d'apporter des trucs de peinture à la maison pendant que sa femme était allongée à l'hôpital. En marchant vers la porte d'entrée, il se retourna et fit signe à Shawn. Ce dernier lui sourit en guise de réponse alors qu'il commençait à faire demi-tour. T.J. posa la boîte de peinture et le sac sur le porche et sortit les clés de sa poche. Il déverrouilla la porte et entra dans la maison vide qui semblait plus calme aujourd'hui. Après s'être retourné pour regarder Shawn quitter l'allée, il prit la peinture, les rouleaux et les autres fournitures et les déposa dans la chambre du bébé.

Après avoir pris une douche rapide et enfilé des vêtements de rechange, il était en train de préparer un sac pour Jill à l'hôpital. Il n'était parti que depuis deux heures, mais cela lui semblait une éternité. Il sortit pour monter dans la voiture de Jill, une vieille Honda Accord qu'elle conduisait depuis leur rencontre à l'université. Sur le chemin de l'hôpital, il était très vigilant à chaque intersection. Un seul accident est suffisant pour aujourd'hui. Il se moqua de lui-même en remarquant qu'il était assis sur le bord de son siège, tout comme le père de Jill, Eric. Il s'arrêta brusquement de rire en se souvenant qu'il n'avait encore téléphoné à personne dans la famille. Il devrait passer quelques appels dès qu'il arriverait à l'hôpital - qu'il venait justement de dépasser sur la gauche. Il tourna à droite au feu sur le parking de Charlie's, son barbecue préféré, et fit demi-tour sur le parking. Le feu était rouge alors il attendit avec impatience. Le feu passa au vert, et bien qu'il aurait normalement démarré dès que possible, les expériences du matin l'ont fait hésiter. «La vache !»

s'écria T.J., alors qu'une décapotable bleue traversait l'intersection à vive allure. Il tourna doucement à gauche sur la route 66 et encore plus doucement à droite dans le parking de l'hôpital. Tout cela lui faisait vraiment assez de conduite pour quelques temps.

Chapitre Cinq

T.J. était absent de la chambre 105 depuis seulement quelques heures, mais lorsqu'il a ouvert la porte, il était évident que le seul patient de la chambre se sentait mieux. Les rideaux étaient ouverts, laissant entrer la lumière du soleil de fin d'après-midi. Jill était assise dans le lit en train de parler à l'infirmière Sarah pendant que l'infirmière repositionnait les disques utilisés pour surveiller les battements du cœur du bébé. Jill sourit en voyant T.J. entrer dans la pièce et attendit patiemment que l'infirmière termine son travail.

«Ça ira», a dit Sarah. «M. Hughes, votre femme et votre bébé vont très bien. On surveille toujours les battements du cœur du bébé, mais il semble être un vaillant soldat.» T.J. lui a lancé le regard fier du nouveau papa qui voulait dire «Ouais, mon fils est un dur». Sarah poursuivit : «Le sulfate de magnésium va rendre difficile pour les yeux de votre femme de se concentrer sur quoi que ce soit pendant un certain temps, elle se sentira rougie et chaude jusqu'à ce que nous le lui enlevions. La bonne nouvelle, c'est que ça devrait être demain. Je reviendrai vous voir à 17h30. Mme Hughes, le dîner sera du porc rôti avec de la purée de pommes de terre. C'est la spécialité du chef...j'espère que vous avez faim !»

«Beurk» dit Jill quand la porte fut refermée. «Qui peut penser à manger dans un moment pareil ?» En fait, T.J. pourrait. Il se rendit compte qu'il n'avait rien mangé depuis le petit déjeuner, mais se dit que ce n'était pas le meilleur moment pour en discuter.

«Comment te sens-tu ?» Demanda T.J. en se penchant pour embrasser le visage humide de sa femme. «Pas très bien. Je me sens malheureuse ; je ne peux même pas regarder la télé à cause de mes yeux. Notre petit bonhomme adore le fait que je m'allonge au milieu de la journée. Il doit être en train de regarder une vidéo de gym ou quelque chose comme ça !» Elle fit une pause. «Mais ensuite, j'écoute ce petit cœur et j'oublie tout ça. Je suis si heureuse qu'il soit vivant que les autres problèmes me semblent insignifiants.» Des larmes de reconnaissance se mirent à couler de ses yeux alors qu'elle s'approchait de la main de T.J.. «Alors, comment te sens-tu ?» Le be-dup, be-dup, be-dup, be-dup du battement de cœur de son fils comblait chaque vide dans la conversation.

«Peut-on baisser le volume pour le petit ?» Demanda T. J. «Il est un peu bruyant.»

«Il me tient compagnie» dit Jill. «Alors, à moins que tu ne passes la nuit dans cette chaise, laissons-le tranquille.»

T.J. et Jill ont appelé chacun leurs parents pour leur dire ce qui s'était passé. Puis ils ont parlé pendant quelques minutes de cette matinée mouvementée. Jill lutta vaillamment pour rester dans la conversation, mais après quinze minutes, elle ferma les yeux et laissa rouler sa tête jusqu'au centre de l'oreiller.

«Prête pour une sieste ?» demanda T.J.

«Je crois que oui», dit-elle en soulevant les couvertures. «Les heures de visite se terminent à six heures. Pourquoi ne rentres-tu pas à la maison, tu reviendras me voir demain matin ?»

T.J. s'assit à côté d'elle, la regardant respirer et écoutant ce petit battement de cœur pendant ce qui lui sembla être des heures. Il était tellement reconnaissant d'avoir l'occasion d'être avec sa famille qu'il ne voulait pas partir. Il étendit la tête sur le côté de la chaise, ferma les yeux, et bientôt, tous les trois dormirent profondément.

Chapitre Six

Lorsque T.J. se réveilla, il remarqua que le dîner de Jill avait été livré et que la grande horloge sur le mur indiquait 19 h15. T.J. se leva en libérant son esprit de toutes les pensées négatives qui l'encombraient. Jill dormait toujours profondément lorsqu'il l'embrassa sur le front, elle tourna la tête sur son oreiller. Tandis qu'il s'approchait de la porte, il se rendit compte que ce petit cœur bourdonnait d'amour. Il envoya un baiser au bébé en fermant la porte et se dirigea vers le parking.

En rentrant chez lui sur la route, il se demanda ce qu'il pourrait bien faire seul à la maison pour s'occuper un samedi soir. C'était la période pénible en Décembre après les derniers matchs de football Américain entre les universités de la saison régulière, mais avant le début des matchs de championnat, alors il va falloir attendre dimanche pour avoir sa dose de football (même si ça ne sera 'que' le football professionnel). T.J. roula dans l'allée et gara la voiture. Il dû admettre que rentrer à la maison semblait plutôt solitaire en pensant que Jill ne serait pas là. En parcourant la cuisine, il se rendit compte qu'il avait mal mangé aujourd'hui. Il se fit un sandwich, attrapa un paquet de chips et se dirigea vers la télé dans le salon. Il dîna en compagnie de «Jeopardy!» après un rapide survol des chaînes. Alors qu'il retournait à la cuisine en emportant son assiette vide, il jeta un coup d'œil dans la chambre du bébé et remarqua les fournitures de peinture sur le sol. Il pensait que peindre la pièce serait une belle surprise pour Jill quand elle rentrerait à la maison. De plus, il était vraiment excité par l'idée d'avoir quelque chose d'utile à faire.

Après avoir changé ses vêtements, il ouvrit le sac en papier et déposa le contenu par terre. «D'accord, on commence avec la bâche», se dit-il. Les planchers de bois étaient anciens de plusieurs décennies et il espérait les garder encore une vingtaine d'années. Il ouvrit le ruban adhésif bleu du peintre et décida de le coller contre le mur. Il commença par le plancher et se rendit ensuite compte qu'il allait avoir besoin d'aide pour mettre du ruban adhésif sur la moulure couronnée. Il se dirigea vers l'appentis, déverrouilla le cadenas, et retira l'escabeau du mur. En retournant vers la maison, il regarda vers le ciel une minute. C'était une nuit d'hiver claire et les étoiles étaient dehors dans toute leur gloire. Il regarda vers l'est, vers le centre-ville, et trouva rapidement les trois étoiles dans la ceinture d'Orion. En regardant de l'autre côté de la rue, il vit les formes familières de la Grande et de la Petite Ourse. Depuis que son père lui avait montré ces groupes d'étoiles dès sa petite enfance, il les considérait comme des «amies». C'était une belle soirée pour avoir quelques amies près de soi.

Une fois revenu à l'intérieur avec l'échelle, il appliqua le ruban adhésif sur la moulure couronnée, qui, par son apparence, était aussi vieille que la maison. T.J. prit un instant pour regarder son travail parcourant du regard le périmètre du mur puis il décida qu'il était temps d'ouvrir la peinture. Il l'a bien secoué et l'a ouvert. La couleur turquoise était le choix idéal pour un petit garçon rebondissant. En versant la peinture dans le plateau, il a été tenté d'y mettre son doigt et d'y goûter. Elle avait l'air lisse et sucrée, comme du glaçage. À ce moment-là, l'odeur atteignait son nez et ne sentait certainement pas le glaçage. Il a ouvert les manchons et le châssis du rouleau, les a assemblés et les a placés dans la peinture. Le rouleau de couleur crème a rapidement absorbé la peinture bleue et il était prêt pour le premier coup. Il avait presque peur, comme s'il n'y avait plus de retour en arrière une fois que la peinture serait sur le mur. Il prit une grande inspiration, posa le rouleau au milieu du mur, puis, les yeux fermés, il passa le premier coup.

Chapitre Sept

T.J. peignit le milieu du mur pendant vingt minutes et s'est ensuite dirigé vers les bords. Avec le rouleau, il a pu peindre jusqu'au ruban adhésif sur le bas du mur, mais en arrivant au coin en haut du mur, il s'est rendu compte que le rouleau était trop gros pour peindre sans toucher le plafond. Il remit alors le rouleau dans le bac et s'assit sur le sol. T.J. inclina la tête et fixa le mur comme si une main géante allait émerger et peindrait le mur pour lui, ou écrirait des instructions détaillées de peinture. Après cinq minutes, rien de tel ne s'était produit et il décida de se faire aider. En se levant, il remarqua les deux autres rouleaux dans le paquet Entrepreneur. Il ne pouvait pas contester leur prétention de «couverture maximale». Le milieu du mur semblait plutôt bien. Mais la promesse «Le seul rouleau dont vous aurez besoin !» se moquait de lui. Peut-être qu'il avait besoin de plus qu'un rouleau. Reid McKinney le saurait certainement, mais le magasin était fermé maintenant et ne serait pas ouvert le dimanche. Peut-être qu'il passerait lundi après le travail pour se renseigner. Il était satisfait des progrès qu'il avait réalisés et décida de faire le ménage. Demain arriverait avant qu'il ne s'en rende compte.

Dimanche passa vite. D'abord, il partit en ville pour se rendre à la petite église que sa famille fréquentait depuis des années. Il appela Jill aussitôt après l'église pour apprendre que le médecin lui avait retiré la plupart de ses médicaments et que son appétit était revenu. Son prochain arrêt fut chez Charlie's, en face de l'hôpital. Il commanda deux assiettes de porc avec des fèves au lard et de la salade de chou. Alors qu'il entrait dans la chambre de Jill, l'odeur de la nourriture remplit le petit espace. «Miam» dit Jill, «ça sent bon !» Elle avait dormi jusqu'à huit heures du matin, puis l'infirmière avait arrêté la perfusion de sulfate de magnésium qui freine les contractions. «J'ai mangé quelques morceaux de pain grillé à la cannelle ce matin, mais les médicaments m'ont quand même rendue un peu malade», dit-elle. «Mais c'est de la vraie nourriture ! Mangeons.» Au cours de leur paisible déjeuner sur des assiettes en carton, ils se demandaient à quoi ressemblerait la semaine à venir. Jill devrait être prête à rentrer chez elle le mardi soir ou tôt le mercredi matin, alors ils ont décidé que T.J. irait travailler le lundi et le mardi et resterait avec elle à la maison le mercredi.

Après le déjeuner, Jill prit quelques minutes pour appeler Dave Nash, son patron à Hamilton Bank. La nouvelle de l'accident s'était répandue rapidement et Dave était heureux d'apprendre qu'elle allait bien. Il l'assura qu'elle pouvait prendre tout le temps dont elle avait besoin pour se rétablir. En raccrochant avec Dave, Jill remarqua que T.J. regardait par la fenêtre. «Qu'est-ce qui ne va pas ?» demanda-t-elle.

«Je me disais... Dave a été un si bon patron. Il t'a vraiment soutenu pendant la grossesse et se soucie des gens qui travaillent pour lui. Andy était comme ça aussi...» La voix de T.J. s'est affaiblie. Jill savait ce qui allait suivre. Depuis qu'Andy avait été remplacé par Hoyt, T.J. était malheureux au travail. Lui et Andy semblaient vraiment en harmonie. La capacité d'Andy à voir la situation dans son ensemble était contre-balancée par la capacité de T.J. à élaborer un plan réaliste pour faire de cette image une réalité. Apparemment, Hoyt n'était pas du genre à avoir une vision d'ensemble. La pauvre Jill en avait beaucoup entendu parler ces quatre derniers mois.

Jill plaça sympathiquement sa main sur le genou de T.J. et s'installa pour écouter son mari frustré. Elle fut sauvée d'une nouvelle narration de l'histoire par l'infirmière Chittick. «C'est l'heure de vérifier la tension artérielle !» dit-elle gaiement.

«Je suppose que vous vérifierez d'autres choses aussi», murmura Jill. «Dois-je vous laisser seules toutes les deux ?» demanda T.J. «Eh bien, dit Jill, «je pense que je serai prête pour une sieste quand ce sera fini. Lori a appelé et a dit qu'elle s'arrêterait ici pour dîner.» Lori et Jill étaient meilleures amies depuis qu'elles étaient voisines dans le premier appartement de T.J. et Jill. «Rentre à la maison et appelle-moi vers 20 h ce soir.» T.J. n'était pas vexé de rater ce que l'infirmière vérifierait et un match de football professionnel en ce dimanche après-midi serait une diversion agréable et relaxante.

«D'accord, chérie, je t'appellerai ce soir. Je t'aime.» Il se pencha pour lui donner un baiser et était heureux d'obtenir un câlin en retour. Tout revenait à son état normal.

Chapitre Huit

Le réveil sonnait fort chez T.J. Il se réveilla et renversa deux ou trois choses sur la table de nuit avant que le bourdonnement ne s'arrête. Les chiffres rouges indiquaient 6h05. Il se sentait prêt pour une nouvelle semaine. L'urgence du bébé était presque terminée. Dimanche soir, on avait dit à Jill qu'elle rentrerait à la maison dès mercredi, ce qui était une bonne nouvelle. En fait, c'était une super nouvelle. Il avait eu une bonne nuit de sommeil. Il avait aussi passé un dimanche relaxant devant la télé en regardant des matchs de football Américain. Alors, c'était quoi ce sentiment lancinant derrière sa tête ?

Quarante-cinq minutes plus tard, la source de la peur ou du stress ou quel que soit le nom que vous voulez lui attribuer était apparente. Elle atteint son apogée lorsqu'il fut garé sur le parking de Lackey & Durham. Dans le passé, il se souvenait avoir conduit jusqu'à l'usine de briques et avoir ressenti un sentiment de fierté et d'excitation. Dernièrement, il lui semblait qu'il redoutait la frustration que chaque nouveau jour apporterait. Il passa cinq minutes dans le parking à écouter la radio avant de prendre une profonde respiration et d'ouvrir la portière de la voiture. T.J. n'avait jamais été le type le plus bavard au travail et il était reconnaissant de ne pas avoir rencontré quelqu'un à qui il devait parler en chemin.

En arrivant à son bureau, il fut surpris de voir le voyant rouge de son téléphone allumé. L'équipe de T.J. n'a pas travaillé ce week-end, donc il ne s'attendait à aucune nouvelle. Il saisit son numéro de messagerie vocale et son mot de passe. Quatre messages ? pensa-t-il. «T.J., voici Andy. J'ai entendu parler de l'accident de Jill et je voulais juste vous dire que ma famille et moi prions toujours pour vous.» T.J. sourit. Andy le classique. Deux autres collègues, Steve et Bob, lui avaient laissé des messages au sujet de Jill. Ils ont tous les deux proposé de le remplacer s'il avait besoin de sortir. Il a noté qu'il devait se présenter à leur bureau aujourd'hui et les remercier. «Message quatre» dit la voix féminine de la boîte vocale, «d'un numéro extérieur à six heures cinquante-neuf du matin.» Son front s'est froissé alors qu'il essayait de deviner qui c'était... il venait tout juste de rater l'appel. «Salut, chérie, c'est moi, dit Jill, je voulais juste te dire que le bébé et moi allons bien ce matin et que nous pensons à toi. Passe une bonne journée au travail et on se voit ce soir. Nous t'aimons !» Il sourit. C'était une bonne façon de commencer la journée.

Après cinq minutes dans son bureau pour planifier la journée, T.J. se dirigea vers l'atelier. En tant que chef d'équipe, il était responsable de l'atteinte de l'objectif quotidien de production transmis par le département de la Planification. Quelqu'un de la Planification était responsable de la communication des objectifs et des résultats des sept derniers jours tous les matins et le tableau indicateur dans son atelier était son premier arrêt chaque jour. Il savait déjà que les chiffres de la semaine dernière étaient inférieurs à l'objectif, donc il n'a pas été surpris de voir le symbole «feu orange» à côté de l'indicateur de production. Il a été en revanche surpris de constater que les objectifs de cette semaine ne semblaient pas tenir compte de l'arrêt de la machine TR1 de la semaine dernière, ce qui a fait que son équipe était en dessous des objectifs. Le problème était intermittent au début de la semaine, mais depuis jeudi la TR1 était complètement en panne et la maintenance avait du mal à trouver le problème. Il lui semblait que la moindre des choses que la Planification puisse faire serait de projeter une diminution de la production jusqu'à ce que la Maintenance corrige le problème. Il secoua la tête. Peu importe ce qu'il pensait, T.J. ne contrôlait ni la maintenance ni la planification. Il faudrait qu'il soulève ce problème rapidement.

Alors qu'il rendait visite à son équipe, il se rappelait ce qu'il aimait bien dans son travail. La majorité des employés de Lackey & Durham ont vécu dans la région toute leur vie et ils ont toujours eu des histoires divertissantes sur leur famille, histoires qu'ils partageaient immédiatement après le week-end. Il ne pouvait pas leur demander, bien sûr, mais il semblait qu'ils aimaient aussi travailler avec lui. Souvent, le lundi soir, il ramenait des légumes ou de la viande fraîche à la maison, selon la saison, que l'un des membres de son équipe lui avait apportée. Quelques personnes l'ont arrêté pour lui poser des questions sur Jill. Les nouvelles vont vite dans une petite ville, mais T.J. a quand même été surpris par le nombre de personnes qui connaissaient l'histoire et à quel point elles s'en souciaient. Alors qu'il traversait l'atelier en direction du bureau de Hoyt, il remarqua avec surprise que la porte de Hoyt était fermée et que les lumières n'étaient pas allumées. *Hmmmmmm*, se dit-il, c'est étrange. *Hoyt est ponctuel pour tout !* En fait, il semble qu'il avait une horloge interne qui réglait sa journée. T.J. laissa un mot sur la porte de Hoyt : JE TE CHERCHE. -T.J. Puis, il retourna vers son bureau.

Chapitre Neuf

Hoyt passa voir T.J. vers 10h. «J'ai vu ton mot sur la porte» dit Hoyt. «Qu'est-ce que tu fais ici ? Ta famille a besoin de toi plus que nous !» T.J. expliqua le plan que lui et Jill avaient prévu pour la semaine. «Je ne serai là qu'aujourd'hui et demain. Jill rentrera à la maison mercredi et on avisera le moment venu.» «D'accord, alors quoi de neuf à l'atelier ?» T.J. expliqua le problème avec la TR1 et ses frustrations avec la maintenance et la Planification. Hoyt écouta et il y eut un silence dans la pièce pour ce qui sembla durer cinq minutes après que T.J. eut terminé.

Finalement, Hoyt pris la parole. «Ça a l'air d'être un bon sujet pour la réunion du personnel de l'atelier du vendredi.» T.J. sentit les poils de son cou picoter et ses épaules se crisper.

«Nos chiffres de production de la semaine dernière sont hors cible et si on ne règle pas ça, on va avoir le même problème cette semaine.» Hoyt n'a-t-il pas compris que c'était urgent ?

«Je comprends, dit Hoyt, mais les autres directeurs de l'usine ont aussi leurs priorités. Pourquoi ne pas les laisser suivre leur processus standard et peut-être que ce problème disparaîtra d'ici vendredi ?»

T.J. avait envie de crier : «C'est trop tard ! On sera tellement en retard qu'on ne rattrapera jamais le mois !» Il n'en fit rien. Il avait déjà essayé ça avec Hoyt et avait échoué. Il semble que le conflit ait frustré Hoyt au lieu de l'inciter à agir. Il était sûr qu'Andy aurait proposé trois solutions pendant qu'il expliquait le problème et qu'ils seraient en route pour parler à quelqu'un en ce moment. Mais ce n'était pas la façon de faire de Hoyt. Il croyait qu'il fallait suivre les étapes du processus standard de la même façon à chaque fois. Toute déviation par rapport à cela était un problème... même si cette déviation corrigeait un problème !

T.J. regarda le sol et prit une profonde respiration. «Vendredi c'est loin, Hoyt. Que dirais-tu qu'on fasse un point avant de partir mardi soir et que tu puisses faire avancer le dossier mercredi si nous avons toujours le problème ?»

«D'accord», répondit Hoyt.

T.J. a ensuite passé le reste de la journée à écouter son équipe se plaindre du problème de la TR1, à accepter les prières et les souhaits de tous ceux qu'il a vus, et à souhaiter qu'Andy fut là pour lui indiquer la bonne direction pour résoudre ce problème. Il ferma sa porte à la fin de la journée, et était prêt à aller voir Jill. En arrivant à la voiture, il s'est souvenu d'un autre problème pour lequel il avait besoin d'aide. Les autres rouleaux Entrepreneur étaient sur le siège avant dans leur emballage. Il s'arrêterait rapidement chez McKinney avant de se rendre à l'hôpital.

Chapitre Dix

T.J. ouvrit la porte en bois de chez McKinney's et une petite clochette en métal au-dessus annonça son arrivée. «T.J.», dit Reid McKinney en souriant, «Ne devrais-tu pas être à l'hôpital ? On a entendu parler de l'accident de Jill. Apparemment c'était tout juste après votre départ d'ici. Comment va-t-elle ?»

«On a eu peur samedi, mais les médecins m'ont dit qu'elle et le bébé étaient tirés d'affaire. Elle rentrera à la maison mercredi.»

«Bonnes nouvelles», a dit M. McKinney. «Nous avons prié pour elle dimanche. J'en parlerai à Martha pour que les dames de l'église vous apportent un repas mercredi. Ça te donnera quelque chose à manger jusqu'à ce que Jill se remette sur pied.» L'idée de la nourriture fit émettre à l'estomac de T.J. un petit grondement. Les gens de la Chapelle McKinney (du nom du grand-père de M. McKinney qui a fait don de la terre il y a plus de cent ans) étaient connus pour leurs dîners partagés à l'église. T.J. se demandait seulement quoi et qui pourrait venir chez lui mercredi. «C'est très gentil Reid. On sera heureux de l'avoir à la maison. Dis à Mme McKinney de ne pas trop en faire juste pour nous.» T.J. sourit en le disant. Martha McKinney ne connaissait qu'une seule façon de faire les choses, et c'était avec tout son cœur. «Eh bien, T.J., soupira M. McKinney, tu connais Martha. Elle adore ce genre de choses. Maintenant qu'on a réglé ça, que puis-je faire pour toi ?»

T.J. s'approcha du comptoir et a y déposa les rouleaux. «J'ai une question, Reid. J'essaie de peindre la chambre du bébé pour faire une surprise à Jill avant son retour. J'ai commencé la nuit dernière avec les rouleaux mais il n'y a aucun moyen d'aller dans les coins sans peindre le plafond en bleu aussi ! Ce paquet me semble un peu trompeur», dit-il en montrant la citation sur les rouleaux Entrepreneur restants «Le seul rouleau dont vous aurez besoin !».

«Trompeur ?» demanda M. McKinney. «J'utilise les rouleaux Entrepreneur depuis des années et je n'ai eu aucun problème. Mais cela ne veut pas dire qu'ils sont le seul outil dont vous avez besoin pour peindre une pièce ! Viens avec moi.»

Ils sont alors retournés à la section des fournitures de peinture que T.J. avait visitée samedi dernier. Tant de choses s'étaient passées depuis, on dirait que c'était il y a des décennies. Reid attrapa un paquet neuf de rouleaux Entrepreneur. «Maintenant, T.J.» dit-il «les rouleaux sont parfaits pour couvrir beaucoup de surface mais ils fonctionnent mieux quand quelqu'un crée un cadre dans lequel ils peuvent se placer.» Il a pris une brosse angulaire de deux pouces et demi de la marque Le Meilleur des Bâtisseurs avec un emballage en carton rouge et blanc. «D'abord, chargez votre pinceau de peinture. Puis, tirez-le parallèlement et à environ un pouce au-dessus du bord que vous voulez peindre.» M. McKinney faisait une démonstration d'une main ferme qui semblait en désaccord avec les cheveux fins et blancs qui indiquaient son âge. «Cela crée un réservoir que vous pouvez tirer jusqu'au bord avec une ligne propre et nette», dit-il en finissant de peindre la ligne imaginaire en beauté. «Tu utilises le pinceau pour créer un cadre, puis le rouleau pour recouvrir l'intérieur.»

T.J. se sentait penaud. Il a cependant compris l'idée de base. Il se souvint soudainement de leur échange à la caisse samedi. «Reid» a-t-il demandé, «c'est pour ça que vous m'avez demandé si j'avais des pinceaux ?»

«Oui, monsieur», répondit-il. «Beaucoup de gens pensent qu'un seul outil, dans ton cas le rouleau, est tout ce qu'il leur faut pour faire quelque chose. J'ai constaté qu'un seul outil ne suffit généralement pas. Tu as besoin du bon outil pour le travail… et les rouleaux ne sont pas le bon outil pour peindre le bord d'une pièce !» Reid se mit à rigoler. «Comme les gens, on a besoin de la bonne personne pour chaque travail, aussi. On n'est pas tous pareils. Certaines personnes sont meilleures dans certains types d'emplois que d'autres.» Il tendit le pinceau à T.J. «Tiens, prends ça. Tu le trouveras utile également «, dit-il en prenant une petite brosse en mousse. Alors qu'ils marchaient vers l'entrée du magasin, M. McKinney a regardé T.J. «On dirait que quelque chose d'autre te tracasse. Puisque tout va bien avec Jill et le bébé, je suppose que c'est le travail.» Il s'arrêta pensif pendant une minute. «Lackey & Durham est plein de gens de toutes sortes... peut-être que tu en as rencontré un qui est un peu difficile à gérer.» *Est-ce si transparent* ? se demandait T.J. «J'ai un défi pour toi si ça t'intéresse. Pourquoi ne cherches-tu pas trois personnes qui sont comme ces pinceaux, qui créent le cadre et tu passes m'en parler chez Wilder samedi matin ?»

T.J. avait l'air un peu surpris. «Reid, je ne veux pas te faire perdre ton temps. J'apprécie vraiment ton aide pour la peinture, mais je suis sûr que tu as des choses plus importantes à faire un samedi matin.»

«C'est absurde, répondit M. McKinney, il n'y a rien de plus important que de bavarder sur le jus de viande et les biscuits du samedi matin.»

T.J. paya ses pinceaux et serra la main de M. McKinney. «OK, Reid, à samedi.»

Chapitre Onze

Alors que T.J. entrait à l'hôpital, cela lui semblait presque routinier. Jill était de bonne humeur lorsqu'elle a dit à T.J. qu'elle avait vu le bébé par échographie aujourd'hui. «J'ai réfléchi» dit-elle. «On doit trouver le nom qu'on va donner à ce petit bonhomme. Il a été très actif aujourd'hui. Peut-être qu'il sait à quel point je suis excitée de rentrer chez nous. De toute façon, que penses-tu de Shawn ? J'aime la façon dont ça sonne, imagines un peu : « Voici notre major de promotion, Shawn Hughes au poste de batteur. C'est bien frappé… et c'est partiiiiii ! Un autre home run pour Shawn Hughes ! »

T.J. dû admettre que la mise en scène l'a fait sourire. «Pas mal, mais j'aimerais utiliser un prénom de la famille. Pourquoi ne pas l'appeler Alfred en l'honneur de mon arrière-grand-père ?» Jill parût comme si quelqu'un lui avait juste offert du lait avarié.

«J'aimerais quelque chose de plus moderne. Que dirais-tu que je dresse une liste demain ? Je vais commencer par Shawn et Alfred. Alors, comment s'est passée ta journée ?»

T.J. prit une profonde respiration. Il voulait dire «pas mal» et en rester là, mais quand il prenait le temps d'expliquer ses situations de travail à Jill, elle avait habituellement une idée assez sage. Dix minutes plus tard, il avait expliqué sa frustration avec Hoyt et son amour du «processus standard». Il conclut : «Il lui a fallu presque trois heures pour me rejoindre ce matin. Je ne sais pas ce qu'il faisait... probablement une autre réunion de direction.» T.J. ferma les yeux, prit une profonde inspiration et essaya d'expirer ses frustrations. En ouvrant les yeux, il a remarqué des fleurs dans le coin de la pièce avec une carte. Cherchant à changer de sujet, il dit : «Jolies fleurs. Qui te les a envoyées ?»

Jill fit un demi-sourire. «Disons que les réunions de gestion ne sont pas la seule raison pour laquelle ton patron peut être en retard. Lui et sa femme Ann, sont passés ce matin en apportant les fleurs et la carte. J'ai beaucoup aimé parler avec eux. Tu sais, ce sont des gens si gentils. J'ai eu beaucoup de mal à voir comment le type que j'ai vu ce matin pouvait être si frustrant au travail.»

T.J. regarda le sol d'un air penaud. Il pouvait comprendre le problème de Jill. Hoyt était un type bien. Parfois, il était trop gentil, et cette fois-ci, beaucoup plus gentil que ce que T.J. avait dit. Mais comment se fait-il qu'une personne puisse avoir autant de points positifs dans un domaine et être aussi ignorante dans un autre ? C'était presque comme si la version Dr Jekyll de Hoyt se présentait à l'hôpital tandis que la version de M. Hyde se présentait au travail. Hoyt n'était pas mauvais au travail ; il ne semblait pas comprendre comment les choses se faisaient. T.J. ne voulait plus parler du travail ou de Hoyt. Jill, cependant, n'avait pas encore tout à fait fini. «Tu sais, chéri, plus j'ai parlé à Hoyt et Ann aujourd'hui, plus j'ai réalisé que ce sont des gens bien avec de bonnes intentions. Tu crois que Hoyt a de bonnes intentions au travail ?»

A la connaissance de T.J., Hoyt n'avait jamais saboté quoi que ce soit intentionnellement. Il se souciait des gens autour de lui. C'était comme s'il avait maîtrisé les outils et les méthodologies de son travail précédent et qu'il essayait d'appliquer ces mêmes méthodes dans une arène où ils n'apportaient pas autant de valeur. Qu'est-ce que Reid McKinney avait dit au sujet du bon outil pour le travail ? Il classa cette pensée alors que le dîner de Jill était apporté.

«Qu'est-ce qu'il y a au menu ce soir ?» demanda Jill.

«Du pain de viande, de la courge, un petit pain et un gâteau aux cerises», répondit l'aide-soignante. «Mangez d'abord le pain de viande... votre bébé a besoin de cette protéine !»

Jill sourit en prenant le plateau. «Merci, Anna, tu t'es bien occupée de moi toute la journée.»

«Hé, Papa» poursuivit Anna, «qu'est-ce que tu manges ce soir ?»

Il fallut quelques secondes à T.J. pour réaliser qu'on lui parlait. Était-il vraiment prêt à être papa ? Revenant à la question, il répondit : «Probablement du beurre de cacahuètes avec de la confiture. Il n'y a aucune raison de salir tous ces plats pour une seule personne. Pourquoi cette question ?»

Anna sourit. «C'est ce que je pensais. Ici, on a toujours des repas supplémentaires, pourquoi ne dînez-vous pas ensemble ?»

T.J. se leva pour prendre le plateau. «C'est très gentil de votre part. Merci d'avoir pensé à moi.»

«Nous devons aimer notre prochain comme nous-mêmes ; c'est ce que dit le livre sacré !» Anna sourit en se rapprochant de la porte. «Passez une bonne nuit tous les deux.»

Chapitre Douze

Après avoir quitté l'hôpital, T.J. rentra chez lui pour une mission d'essai de ses nouvelles connaissances en peinture. Alors qu'il se changeait, il se mis à penser à l'évaluation que Reid McKinney avait fait de ses problèmes. Y avait-il un signe au-dessus de sa tête annonçant ses problèmes au monde ? Et Hoyt qui est venu à l'hôpital aujourd'hui, cela lui a complètement chamboulé la tête. Il ne pouvait pas croire que Hoyt et sa femme prendraient le temps de faire ça. En réalité, il pouvait bien le croire ; mais il ne pouvait pas le réconcilier facilement avec les comportements et les attitudes d'Hoyt au travail. T.J. se dit que c'était peut-être lui, le problème. Mais il avait eu tellement de succès et de satisfaction à travailler pour Andy que cette idée ne semblait pas juste non plus. Après tout, c'était le même travail qu'il occupait il y a à peine un an et cela semblait tellement plus facile à l'époque. Il soupira, pas de réponses, juste plus de questions. Il était temps d'aller peindre.

En entrant dans la chambre du bébé, il regarda le mur qu'il avait peint hier soir. C'était un bleu apaisant. Il espérait que cela éveillerait l'imagination de son fils dès qu'il le verrait après son réveil, chaque matin. Il espérait que cela passerait bien le message subliminal pour atteindre les étoiles (ou au moins les nuages) quand le petit garçon le regarderait. Mais pour l'instant, il avait un ciel bleu dans un cadre blanc. M. McKinney lui avait fourni la solution à ce problème et décida donc de l'essayer sur le deuxième mur. Alors qu'il se tournait pour faire face au deuxième mur, son cœur s'est un peu enfoncé. Sans raison particulière, T.J. avait commencé par le mur sur le côté gauche de la pièce en entrant. Il se rendit compte qu'il s'agissait du seul mur qui ne comportait pas de cadre de porte ou de fenêtre. Humm. Si la technique de Reid McKinney permettait de tracer des lignes droites entre le plafond et le mur, il pensait que cela fonctionnerait aussi pour la fenêtre qui se trouvait de l'autre côté de la pièce. Il secoua la peinture, ouvrit le pot et chargea son pinceau. Après avoir fait son réservoir, il tira sa ligne jusqu'en bas du rebord de la fenêtre. Doucement, doucement,

doucement, doucement... voilà le coin, et hop. Wow, ça semblait droit. T.J. avait toujours aimé les lignes droites et il était particulièrement fier de celle-ci.

Quinze minutes plus tard, T.J. avait l'inverse du premier mur : Celui-ci avait un cadre bleu avec une 'image' blanche qui entourait un autre cadre bleu autour de la fenêtre. T.J. se tenait au milieu de la pièce en admirant les belles lignes droites. Il avait maintenant tout le temps de peindre le milieu, alors il remplit le bac à rouleaux et se mis au travail. Au bout de cinq minutes, il s'ennuya. Il aimait le fait que le rouleau puisse couvrir autant de surface à la fois, mais il préférait la précision nécessaire pour obtenir une ligne droite. Il lui semblait que les lignes demandaient plus d'habileté que le rouleau. Au moins pour lui, cela exigeait une habileté plus satisfaisante. Peut-être que T.J. était la bonne personne pour le travail de lignes de peinture, mais pas pour le travail de rouleau. T.J. se surpris à bailler et regarda sa montre. Il était déjà tard et il était définitivement la bonne personne pour le 'travail' d'une bonne nuit de sommeil. Tout le monde n'arrêtait pas de l'avertir qu'il devait rattraper son sommeil avant que le bébé n'arrive. Après avoir fini le mur et tout nettoyé, il serait heureux de s'y soumettre.

Chapitre Treize

Mardi matin T.J. arriva à l'usine plus excité qu'il ne l'avait été ces derniers temps. Il ne cherchait pas à profiter des «occasions» que son emploi pourrait lui offrir, mais il s'était mis au défi de trouver les trois types de personnes dont Reid McKinney a parlé. Après la peinture d'hier soir, il s'était identifié avec le pinceau biseauté. Il espérait trouver un 'rouleau' aujourd'hui. Alors qu'il passait devant le tableau indicateur dans son atelier, il relu les chiffres d'hier. Le temps d'arrêt de la TR1 ne faisait que ruiner la productivité de son équipe. Il perçut un mouvement à sa droite juste avant qu'une large main ne lui serre l'épaule gauche. «Salut, Patron», a dit Joey.

Joey Lawson travaillait dans cet atelier depuis que T.J. était en maternelle. Il avait tout vu. T.J. pouvait toujours compter sur lui pour mettre les choses en perspective. «Les chiffres sont mauvais cette semaine. Pouvez-vous demander à ces gratte-papiers de la Planification de venir ici, pour voir ce qu'il y a de possible à faire avant d'envoyer tout ce bazar dehors ?»

T.J. sourit ; la plupart des gens de la Planification n'avaient pas visité l'atelier depuis des années, voir jamais. Joey poursuivit, «Eh bien, je vais faire autant que je peux et leurs procédures sophistiquées ne me rendront pas plus rapide ou plus lent.» Joey avait toujours été l'un des meilleurs employés de l'atelier.

«Merci, Joey» dit T.J. «J'apprécie ton point de vue. Continue de faire autant que tu peux et je vais voir ce qu'on peut faire avec les gratte-papiers.»

«Allez les chercher, Patron» dit Joey en se tournant vers lui.

En marchant le long de son chemin, il s'est souvenu de ce qu'il préférait dans ce travail. Les gens qui travaillaient dans son atelier étaient compétents, dévoués et représentaient l'épine dorsale de l'entreprise.

Ils faisaient du «vrai» travail tous les jours. Ils ne passent pas leurs journées assis à un bureau, ni à la direction, et encore moins à «gratter du papier». L'équipe de l'atelier travaillait ensemble depuis si longtemps qu'elle ressemblait plus à une famille qu'à des collègues de travail. Le travail de T.J. était d'écouter les problèmes que la «famille» avait et d'en résoudre le plus grand nombre possible. Son équipe s'arc-boutait sur ce problème de TR1 depuis presque deux semaines et elle n'avait pas pu le résoudre. C'était frustrant en soi, mais le fait que Hoyt n'aidait pas à le résoudre amplifiait le sentiment de frustration qu'éprouvait T.J.

T.J. passa le reste de la matinée à mettre à jour les dossiers de formation de l'équipe. Il était régulièrement interrompu pour diverses raisons comme gérer le manque de fournitures ou consulter un membre de l'équipe pour une question d'assurance.

En fin de matinée il entendit quelqu'un descendre dans le couloir en direction de son bureau. Au moment où il levait les yeux de la pile de formulaires, quelqu'un frappa à sa porte. Eric Lyons était l'un des meilleurs amis de T.J. dans l'entreprise. Ils avaient commencé le même jour et avaient traversé plusieurs crises ensemble. Jusqu'à récemment, ils déjeunaient ensemble presque tous les jours. Malheureusement pour leur habitude de déjeuner, Eric avait récemment accepté un nouvel rôle, ce qui leur rendait plus difficile de trouver le temps de discuter, et encore moins de manger ensemble. Non seulement le travail d'Eric signifiait moins de déjeuners ensemble, mais le nouveau poste de directeur de la Planification de la production le mettait souvent, lui et T.J., dans des positions opposées dans un débat. Malgré ses frustrations avec Eric ces derniers temps, T.J. était content de le voir.

«Déjeuner ?» Eric a demandé.

T.J. sourit. «Tu as vraiment le temps ? Absolument !» T.J. aimait les déjeuners avec Eric parce qu'ils pensaient de la même façon sur beaucoup de choses. «Jill n'est pas à la maison jusqu'à demain, alors je profite de la vie de célibataire insouciant pour quelques heures de plus», dit T.J. en souriant. Quand veux-tu y aller ?» Eric demanda en riant. «Eh bien, peut-être maintenant puisqu'il est midi et quart.» T.J. leva les yeux vers l'horloge sur le mur. Il travaillait depuis deux heures d'affilée. Il l'a bien senti quand il s'est levé de sa chaise.

«Tu veux conduire ?» demanda T.J. en se dirigeant vers son manteau. Eric recula pour laisser T.J. atteindre le porte-manteau. «J'ai entendu parler de ton week-end, donc pour ma sécurité personnelle, oui, je vais conduire.»

Chapitre Quatorze

Le Burger Bar était en vogue en ville depuis plus de trente ans et il commençait à vieillir. Le formica, blanc à l'origine, qui recouvrait les dessus de table jaunissait et s'écaillait, les murs étaient d'une curieuse couleur orange brunâtre et plusieurs des articles qui ornaient les murs semblaient venir d'une boutique d'antiquités. Les clients négligeaient tout cela, pour avoir l'occasion de déguster l'un des fameux hamburgers de Howard Smith. Smitty, comme tout le monde l'appelait, savait tout sur tout le monde en ville. Dès qu'il a vu T.J. entrer, Smitty s'est éloigné d'un quart de tour de la grillade pour l'accueillir.

«Comment va ton adorable femme ?» demanda Smitty.

«Très bien, Smitty», répondit T.J. «Elle rentre à la maison demain. Merci de t'en inquiéter.» T.J. et Eric ont pris une table dans le coin du fond, loin du grill et de la caisse enregistreuse gérée par Mabel, l'épouse de Smitty. T.J. avait l'impression que c'était 'sa' table, compte tenu du nombre de repas qu'il y avait pris. En fait, s'il regardait en dessous, il était presque sûr qu'il trouverait du chewing gum mâché qu'il avait coincé là après un match de baseball il y a plusieurs années.

Lorsque la serveuse arriva, elle prit le temps de discuter quelques minutes avec les hommes du temps qu'il fait et de la victoire en éliminatoires de vendredi soir de l'équipe locale des écoles secondaires, les Chiefs. «Eh bien, les gars, ça fait longtemps qu'on ne s'est pas vus. Je suppose que vous voulez le classique ?»

Eric sourit et répondit : «T.J. m'a convaincu que Smitty fait le meilleur burger de toute la région et je n'en ai pas encore dégusté un qui prouvrait le contraire» ! Elle se tourna vers la grillade et cria à Smitty : «Deux classiques, jusqu'au bout !» et elle enchaina : «Maintenant, les gars, je reviens tout de suite avec vos boissons.» Le Burger Bar ne servait que du thé sucré et du café, donc les commandes de boissons n'étaient généralement pas nécessaires selon l'heure de la journée où l'on mangeait.

«Alors, commença Eric, nous étions tous si heureux d'apprendre que toi et Jill alliez bien après l'accident. Ça aurait pu être grave.» T.J. n'avait pas besoin qu'on le lui rappelle. Il avait déjà parcouru les scénarios possibles des millions de fois dans sa tête.

«Ça aurait pu, mais nous sommes reconnaissants que ça ne l'ait pas été», répondit T.J. «La maman et le petit gars vont bien. Ce sera bien de retrouver la vie normale demain.» T.J. changea de sujet. «Alors, comment ça se passe pour toi ?»

Eric a raconté à T.J. les derniers événements avec sa famille, y compris les épreuves d'avoir un enfant de trois ans qui avait peur de sa propre chambre. «Tu ne seras plus jamais le même, T.J.», soupira Eric. «C'est une folle aventure. Amusante, oui. Mais exaspérante, épuisante et stimulante aussi. La plupart du temps, être parent rend le travail comme un jeu d'enfant !»

Alors que T.J. se préparait à répondre, il a été interrompu par l'arrivée de leur commande. Quelques bouchées dans son cheeseburger, T.J. n'a pas pu tenir plus longtemps. «Alors, qu'est-ce qui se passe au travail ? Quelqu'un m'en veut avec ces objectifs impossibles ?» Eric regarda ses frites pendant une minute avant de lever la tête pour croiser le regard de T.J. «Nous savons tous que la TR1 n'est pas fiable, mais mon patron ne me laissera pas le prendre en compte avant de recevoir une demande officielle de votre service.» Le front de T.J. s'est froissé en pensant, puis il est resté consterné. «Hoyt ne pensera même pas à soulever la question avant vendredi. Il est tellement myope ! Il semble que sa principale stratégie de gestion soit de ne pas faire de vagues. Je te le dis, Eric, je suis frustré.» Eric avait compris. Tout le monde aimait Andy et sa promotion était bien méritée. Hoyt avait l'air d'un gentil type, mais il n'avait pas la même approche qu'Andy - et T.J. souffrait de cela. Eric voulait l'aider.

«Je pourrais peut-être soulever la question cet après-midi lors de notre réunion du personnel. Hoyt a été invité mais il a dit qu'il ne pouvait pas y assister.»

T.J. leva rapidement sa tête : «Je ne suis pas invité mais je *peux* être là.»

Chapitre Quinze

T.J. se tortillait inconfortablement sur la chaise bleue délabrée, il était installé à l'arrière de la salle de conférence. A quoi pensait-il ? Le point à l'ordre du jour concernant la TR1 était à au moins vingt minutes et les autres sujets de la réunion du personnel de la Planification ne l'intéressaient pas. Alors qu'il regardait les murs blancs en parpaings, il commença à penser que cette réunion était en fait moins intéressante que de regarder la peinture sécher. Peinture ! Il s'est immédiatement souvenu du défi de Reid McKinney et de son objectif de trouver un 'rouleau' aujourd'hui. Comme il l'avait oublié jusqu'à présent, il n'avait fait aucun progrès. La pensée lui donna un nouvel espoir de rester éveillé pendant les vingt minutes qui suivirent et il commença à gribouiller sur son bloc-notes.

Pinceau biseauté = Lignes = Structure = Moi
Rouleau = Beaucoup de peinture livrée mais pas
beaucoup de précision
... nécessite donc la structure du pinceau biseauté
Pinceau mousse = ?

Il s'arrêta d'écrire quand la porte de la salle de conférence s'ouvrit. T.J. fut surpris de voir Hoyt entrer. «Pile à l'heure, Hoyt» dit John, le patron d'Eric. «Content que vous ayez pu venir.» John regarda le reste de la salle et dit : «D'accord, vous êtes tous au courant des problèmes que nous avons eus dans le groupe de Hoyt. La TR1 a connu des hauts et des bas au cours des deux dernières semaines et ce n'était certainement pas dans nos plans. Si vous regardez notre tableau des indicateurs, vous verrez que ce problème n'a pas du tout affecté notre objectif de livraison du plan dans les délais. Mais le vieux Hoyt n'a pas les mêmes objectifs que nous. Il doit s'assurer d'atteindre les objectifs que nous prévoyons pour ses ateliers. Ça ne va pas très bien ces derniers temps, hein, Hoyt ? Je lui ai donc demandé de venir nous parler aujourd'hui et de voir ce qu'on pouvait faire pour l'aider.»

Hoyt sourit en regardant autour de lui, jusqu'à ce qu'il arrive à T.J. Pendant un bref instant, son regard évoqua la confusion, mais il se rétablit rapidement avant de commencer. «Merci, John, de nous laisser T.J. et moi venir à votre réunion aujourd'hui. Nous savons que vous avez beaucoup de choses importantes à faire et nous ne voulons pas vous faire perdre plus de temps que nécessaire.» Trop tard, pensa T.J. pendant que Hoyt continuait. «Ce temps d'arrêt a été dur pour notre équipe. Nous n'avons pas atteint nos objectifs la semaine dernière et cette semaine ne s'annonce pas très bien. Le mois prochain, nous apprécierions vraiment que vous preniez en compte le fait que nous pourrions avoir des problèmes.» Hoyt sourit en s'asseyant.

«Merci, Hoyt» dit John. Les yeux de T.J. s'élargirent quand il réalisa que Hoyt n'avait pas l'intention de rajouter quelque chose. «Eh bien, conclut John, c'est tout pour la réunion d'aujourd'hui. On a raté quelque chose ?» Les yeux de T.J. avaient attiré l'attention de Hoyt. La grimace sur le visage de T.J. généra un regard de surprise de la part de Hoyt. Essayant de désamorcer la situation, Hoyt sourit à T.J.

«Excuse-moi, John» T.J. s'était levé, «ça te dérange si je dis quelques mots ?»

«Absolument pas», déclara John. «Il nous reste six minutes sur ce sujet.»

T.J. savait que John était un homme de temps, alors il a jeté un coup d'œil à l'horloge : 15h54 : «Je sais que la planification de cette usine n'est pas une tâche facile.» Plusieurs têtes hochèrent la tête et T.J. prit ça comme un bon signe. «J'apprécie vraiment le dur travail que vous faites, mais comment êtes-vous évalués ?»

Un membre de l'équipe a regardé T.J. avec scepticisme. «Sur la réalisation du plan à temps», Sa voix s'est estompée comme s'il voulait en dire plus.

«D'accord, Joe» répondit T.J. «Êtes-vous évalués en fonction de la qualité de l'exécution du plan ?»

«Bien sûr que non, poursuit Joe, nous ne pouvons pas contrôler si vous faites votre travail ou non. Pourquoi évaluer quelque chose qu'on ne peut pas contrôler ?» T.J. regarda tout autour de la pièce. Il était nettement en minorité, mais il était tellement frustré par la situation qu'il était prêt à tout tenter.

«Je comprends que vous ne pouvez pas contrôler notre production, mais nous pourrions peut-être partager un indicateur entre les ateliers et la Planification... un indicateur hebdomadaire qui mesure la précision du plan. Alors nous pourrions travailler ensemble pour mettre à jour le plan chaque semaine afin d'éviter des problèmes comme celui que nous avons actuellement avec la TR1.»

«Quoi ?» souffla John. «C'est l'idée la plus folle que j'aie jamais entendue. Nous ne pouvons pas refaire ces métriques. Cela nécessiterait une décision au niveau du directeur de l'usine. Écoutez, nous ferons tout notre possible pour vous aider le mois prochain, mais nous n'allons pas changer tout notre processus à cause d'un petit problème dans votre atelier !»

Alors que T.J. commençait à répondre, Hoyt l'interrompit : «Oui, les indicateurs que nous avons ont été créés pour une raison. Essayons de travailler dans le système avant d'en créer un nouveau.»

T.J. expira en s'asseyant, vaincu. La «façon dont nous faisons les choses» avait encore gagné. «Il est quatre heures», dit John en souriant. Merci à l'équipe pour la bonne réunion d'aujourd'hui. Et merci à Hoyt et T.J. d'être venus aussi. Passez une bonne semaine.»

Chapitre Seize

Alors que T.J. quittait la salle de conférence, il aperçut Hoyt qui l'attendait. Hoyt se précipita pour le questionner : «Qu'est-ce que ça veut dire ça ?» T.J. avait déjà encaissé tout ce qu'il pouvait. «Hoyt, le processus est défaillant et il doit être réparé !» *N'importe quelle personne ayant la moitié d'un cerveau pourrait le voir*, pensa T.J. Hoyt le regardait avec un regard paternel et T.J. s'attendait à ce que sa phrase suivante commence avec «Maintenant, mon fils...» mais ce ne fut pas le cas.

«T.J., tu es un gars pragmatique, mais parfois nous pouvons prendre des initiatives qui ne donnent pas les résultats que nous espérons obtenir. Ne repartons pas de zéro à cause d'un seul problème.»

Maintenant qu'il était sorti de la salle de conférence, T.J. compris la sagesse de ce conseil. Cependant, il voulait que quelqu'un l'aide à régler le problème et Hoyt ne semblait pas aller en ce sens. Hoyt conclut : «Écoutes, tu m'as demandé au début de la semaine de commencer à escalader le sujet mercredi sur la base de ta mise à jour du mardi. Passes à mon bureau quand tu seras prêt à partir et nous ferons un plan d'attaque.» T.J. acquiesça d'un signe de tête. «Au fait» poursuit Hoyt, «j'ai remarqué que le poste 2 avait quelques outils hors de place pendant que Josh, Jay...»

«Joey ?» dit T.J.

«Oui, c'est lui. De toute façon, j'ai remarqué que les outils n'étaient pas à leur place quand il travaillait. On doit respecter les normes, T.J., occupes-toi de cela.» Hoyt s'est retourné pour retourner à son bureau et T.J. faisait tout pour résister à l'idée de l'envoyer rapidement balader au fond du couloir par un coup de pied bien placé !

T.J. a fait un dernier tour dans le magasin pour rappeler à son équipe qu'il serait absent pour le reste de la semaine. Il est ensuite retourné à son bureau et s'est effondré sur sa chaise. L'horloge indiquait 16h30. Il était temps d'aller chercher Jill à l'hôpital, mais il devait d'abord voir Hoyt. Le plan d'attaque, se dit-il. *Je ne suis pas sûr que Hoyt ait déjà attaqué quoi que ce soit !* Il rassembla ses affaires et se dirigea vers le bureau de Hoyt. Il espérait un miracle, mais prévoyait un désastre.

Hoyt était au téléphone quand T.J. arriva, alors ce dernier frappa légèrement à la porte. Hoyt sourit et salua T.J. en pointant vers la chaise en bois qui semblait être l'équipement originel lorsque l'usine fut construite. La conversation téléphonique se terminait. «D'accord, John... Oui, oui, je comprends... Nous voulons aussi travailler avec votre équipe. OK. Merci pour votre temps. Passez une bonne soirée.» Hoyt remis le téléphone sur le récepteur et se retourna pour parler à T.J. «Je suppose que tu sais bien qui c'était, et tu sais donc sans doute pourquoi on se parlait». T.J. regarda le sol, se préparant pour une autre leçon sur les raisons pour lesquelles il y avait des processus et des normes et comment il ne les respectait pas. Mais ce n'est pas ce qui arriva. Le silence dura deux secondes, puis cinq, puis dix. T.J. leva les yeux vers Hoyt. «T.J., tu avais raison sur la nécessité de partager les indicateurs. Je pense vraiment que ton idée est géniale ! Mais tu ne peux pas me surprendre comme ça, encore moins John. Je croyais qu'il allait avoir une crise cardiaque !» T.J. s'est permis un demi-sourire. John était plutôt en colère.

T.J. répondit : «D'accord, Hoyt, qu'est-ce que je suis censé faire ? Ils déterminent les objectifs, et je dois essayer de les atteindre... peu importe la faisabilité. C'est de la folie !»

Les mots de T.J. sont restés suspendus dans l'air pour longtemps. Quand Andy était confronté à un tel problème, il se mettait immédiatement à dessiner. T.J. pris alors une feuille de papier sur la pile de la table du couloir. Tirant un stylo de sa poche arrière, il s'assis sur la petite table dans le bureau de Hoyt et commença à faire le croquis de l'organisation.

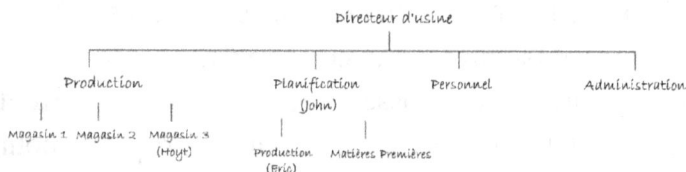

Il a encerclé Production et Planification. «Lors de la réunion d'aujourd'hui, nous pouvons voir que ces deux départements doivent partager un objectif. Aujourd'hui, la Planification s'évalue sur l'achèvement de leur plan à temps et nous nous évaluons sur le pourcentage de ce plan que nous achevons.» Hoyt acquiesça. T.J. pris cela comme un bon signe et est allé de l'avant. «Je pense vraiment que nous devrions tous les deux nous évaluer sur la qualité de la réalisation du plan si nous pouvons nous mettre d'accord sur la façon dont nous l'évaluons. Nous devrons aussi mesurer notre production, comme nous le faisons aujourd'hui, pour communiquer les résultats de notre atelier.»

Hoyt semblait adhérer au plan. «OK, T.J.» dit-il, «Je comprends où tu veux en venir. Il est tard et je dois y aller. Nous avons une réunion de préparation pour la saison prochaine de la Petite Ligue.» Hoyt avait coordonné la Petite Ligue locale aussi loin qu'on se souvienne et ça a toujours fonctionné comme une horloge. «Va chercher Jill et prends quelques jours pour te détendre. Lors de la réunion du personnel de l'atelier de vendredi, nous parlerons de l'amélioration de l'exactitude de nos plans et de la façon dont nous pourrions mesurer quelque chose comme ça.»

T.J. regarda l'horloge : 16h54. Il serait en retard et il n'avait plus d'énergie pour ce sujet. «Merci, Hoyt» soupira-t-il, «C'est un début.»

Chapitre Dix-sept

T.J. arriva sur le parking de l'hôpital à 17h15. Plus tard que prévu, mais pas si tard pour que Jill soit frustrée, en tout cas c'est ce qu'il espérait. Lorsqu'il a commencé à descendre dans le couloir jusqu'à la chambre 105, il a été surpris de voir une Jill souriante dans un fauteuil roulant. «Hey, chérie» commença T.J., «désolé je suis en retard.»

Jill tendit la main pour le serrer dans ses bras. «Prenons la route... J'ai eu suffisamment de vie hospitalière pour un bon moment !»

Une infirmière que T.J. ne connaissait pas lui donna la valise de Jill. «M. Hughes, si vous vous garez devant, nous vous y retrouverons et vous pourrez ramener votre charmante femme chez elle.»

Avec plaisir, pensa T.J.

Mardi soir, tout s'est bien passé. Après le dîner sur le canapé, T.J. et Jill se sont pelotonnées ensemble pour regarder *Jeopardy* ! Et ils ont regardé la chaîne jusqu'au coucher. Ils étaient si heureux d'être à la maison ensemble qu'ils n'avaient pas besoin d'en dire beaucoup... ou d'avoir beaucoup à dire. T.J. s'est réveillé le lendemain matin et a plissé les yeux. Qu'est-ce qui n'allait pas ? Pourquoi s'était-il réveillé trop tard ? Le soleil était levé ! Il tourna la tête pour regarder l'horloge. Il était 8h45 ! Il a sauté du lit et s'est dirigé vers la douche. Alors qu'il quittait la pièce, il se retourna une dernière fois pour regarder l'horloge et remarqua que Jill dormait encore profondément. *Oh oui*, se dit-il, *pas de travail aujourd'hui*. Il sourit d'un sourire reconnaissant, secoua un peu la tête, prit quelques vêtements et se dirigea vers la salle de bain.

Lorsque Jill s'est levée à 9 h 30, il avait pris une douche et faisait la vaisselle qu'il avait utilisée pendant la semaine. T.J. salua sa mignonne femme enceinte avec un «Hé, paresseuse !» en la voyant devant la porte de la cuisine. Jill sourit faiblement en tirant une chaise à la table de la cuisine. «Je pourrais m'y habituer» dit-elle. «Personne ne me réveille au milieu de la nuit pour me surveiller, un lit douillet, un petit déjeuner quand je le veux...»

T.J. n'a pas manqué cette insinuation : «Oui, nous avons ce qu'il vous faut ici. Nous avons une vaste gamme de pains et de céréales des meilleurs magasins de la ville !» T.J. se pencha dans le garde-manger pour sortir une miche de pain et un peu de son aux raisins secs. «Des fruits du monde entier !» dit-il en livrant quelques bananes sur la table. «Et enfin, les produits laitiers les plus frais !» Il avait ouvert le frigo pour révéler un demi-gallon de lait et du beurre. «Qu'est-ce que je vous sers aujourd'hui, madame ?»

Elle sourit. «Tu es fou et on doit aller au supermarché. Qu'est-ce que tu mangeais ?» Jill prit une banane et commença à l'éplucher. «Alors, à part le supermarché, qu'aviez-vous prévu pour aujourd'hui, M. le Serveur ?»

Ils discutèrent du plan de la journée pendant le petit déjeuner. Une visite à l'épicerie s'imposait. T.J. voulait jeter un coup d'œil aux gouttières, car elles semblaient pleines après la récolte phénoménale de feuilles qui a eu lieu cette année. Finalement, ils ont convenu qu'ils voulaient finir la chambre du bébé.

Alors qu'elle quittait la cuisine, Jill s'arrêta dans l'entrée de la chambre bleue à moitié peinte. «T.J.» dit-elle en jaillissant, «ça a l'air génial ! Tu ne m'avais pas dit que tu avais déjà commencé !»

Il sourit. «J'espérais avoir fini à ton retour, mais j'avais quelques leçons à apprendre sur la peinture.»

Jill avait les idées claires : «Penses-tu que nous pourrions la terminer cette semaine ? Et on pourrait avoir le berceau et la chambre décorés d'ici la fin de l'année !»

T.J. leva les yeux et soupira en signe de protestation factice. «Ne reviens-tu pas tout juste de l'hôpital ?», a-t-il demandé. Bien qu'elle ait un nouvel objectif, Jill était encore un peu fatiguée, alors ils ont convenu que T.J. ferait les courses avant le déjeuner et que Jill se reposerait l'après-midi pendant que T.J. travaillerait dehors. Ils jetteraient un coup d'œil à la chambre ensemble plus tard.

Chapitre Dix-huit

Avant le dîner, T.J. et Jill ont fait une visite rapide dans la chambre du bébé. Pendant que Jill s'asseyait sur un tabouret pour organiser mentalement la salle, T.J. expliquait les leçons de peinture qu'il avait apprises pendant la semaine. Il termina en disant : «Je pense que je peux finir la chambre demain. Avec un peu de chance, j'aurai aussi une révélation sur les types de pinceaux à rouleau et à mousse.» Jill se précipita sur l'opportunité, «Alors tu dis que tu es un pinceau biseauté.» Elle écoute, se dit T.J. «Je peux le voir. Tu aimes les plans et la structure. Tu plies même tes déchets en carrés avant de les jeter ! Alors prenons quelqu'un comme Andy, qu'est-ce qu'il est ?»

T.J. grimaça et ferma les yeux. «Je ne sais pas. Le rouleau peut déplacer beaucoup de peinture, mais il n'est pas très précis. Je n'ai jamais pensé qu'Andy avait des problèmes de précision. Lui et moi avons toujours été capables de trouver une solution et de la mettre en œuvre rapidement. Hoyt est évidemment le contraire d'Andy mais je ne le vois pas comme un rouleau... il ne bouge pas beaucoup de peinture du tout !» T.J. ouvrit les yeux pour voir le sourire de Jill.

«On dirait que tu y es presque, M. le Peintre. Je pense que quelques heures de plus avec ces odeurs de peinture te donneront toutes sortes de bonnes idées !» Jill regarda le sol. C'était comme si elle voulait dire quelque chose d'autre, mais qu'elle ne savait pas trop comment. «T.J., j'aimerais vraiment aller travailler à la banque vendredi après-midi.»

T.J fut surpris. «Quand as-tu parlé à Dave pour la dernière fois ?»

«Je lui ai parlé hier et il m'a dit de prendre mon temps, mais honnêtement, aujourd'hui, je me suis un peu lassé. Il n'y a qu'une chose que je peux regarder, c'est Price is Right !» T.J. rit. C'était aussi l'une de ses émissions préférées du jour.

«Tu en as donc marre de regarder les jetons Plinko et de te faire rappeler de stériliser les animaux de compagnie que nous n'avons pas... c'est tout à fait normal. Je pense que tu dois savoir si tu es prête. Et si on déjeunait au Jardin Italien vendredi et je te déposerai après ?»

«Marché conclu», répondit-elle. Elle tendit la main pour le serrer dans ses bras et lui faire un câlin. «Merci d'être si compréhensif.»

Alors qu'ils discutaient au sujet de la chambre du bébé, on sonna à la porte. T.J. regarda sa montre. Qui donc était à leur porte à 17h32 un mercredi soir ? T.J. s'était approché de la porte et jeta un coup d'œil par la fenêtre du salon pour y apercevoir trois femmes qui avaient l'air de vouloir approvisionner une armée. Il a ouvert la porte pour voir Martha McKinney et deux autres paroissiennes de la Chapelle McKinney qui transportaient autant de nourriture que lui et Jill en mangeaient en une semaine. «Bonsoir, mesdames !» dit T.J., alors qu'il essayait de dissimuler le fait qu'il avait oublié leur visite. «S'il vous plaît, entrez.»

«Non, monsieur, M. T.J. Hughes, nous ne sommes pas là pour vous rendre visite, nous sommes juste venus déposer quelques petites choses pour que vous et votre adorable femme puissiez les manger pendant son rétablissement». La voix de Martha McKinney n'avait pas changé depuis que T.J. l'avait entendue à l'âge de neuf ans. «Maintenant, on va juste vous donner ça et partir d'ici. Emily, Amy, vous chargez T.J.».

Après cinq minutes de conservation polie, Martha et ses amis se rendaient à la Chapelle McKinney pour la messe de ce soir. Jill entra dans le salon après la fermeture de la porte. «On dirait que quelqu'un voulait aider une future mère enceinte accidentée.» Elle et T.J.

rigolaient en mettant la nourriture dans la cuisine. Tout cela sentait bon et durerait plus d'une semaine. Pour le dîner, ils dégustèrent du poulet et de la purée de pommes de terre, suivis par un morceau de gâteau rouge velouté. Ils passèrent quelques minutes à écrire des mots de remerciement et décidèrent d'aller se coucher tous les deux.

Jeudi matin, T.J. s'est réveillé tôt, il mangea quelques biscuits au petit-déjeuner et est allé peindre. Alors qu'il secouait la peinture, il pensa à sa conversation avec Jill la veille au soir. Si Andy et Hoyt étaient opposés, lequel était un rouleau et lequel était un pinceau en mousse ? Une des choses qu'il disait à Jill revenait sans cesse vers lui. «*Je n'ai jamais pensé qu'Andy avait des problèmes de précision. Lui et moi avons toujours été capables de trouver une solution et d'aller de l'avant rapidement.*» Pourquoi T.J. considérait-il Andy et lui comme une unité quand il pensait à la précision ? Il versa la peinture bleue dans le plateau. Ça avait l'air délicieux, même à 7 h 15 du matin.

Il avait retiré le pinceau biseauté de son manchon protecteur en carton. Les gens raffinés de la marque Le Meilleur des Bâtisseurs avaient fabriqué un pinceau doux et brun avec un poignet marron et brillant. Même T.J., qui n'est pas un expert en pinceaux, pouvait en apprécier la qualité.

Il trempa le pinceau dans la peinture et commença à passer son 'réservoir de peinture' au-dessus de la planche. Dix minutes plus tard, il avait une belle ligne bleue. Il n'arrêtait pas de se repasser sa conversation avec Jill dans sa tête : «*Lui et moi avons toujours été capables de trouver une solution et d'aller de l'avant rapidement.*» T.J. déplaça l'échelle au coin pour commencer à peindre la ligne entre le plafond et le mur. Alors qu'il peignait, il pensa à quelques-unes des réussites que lui et Hoyt avaient connues : L'installation de la nouvelle machine dans l'atelier et le versement d'une prime par article pour son équipe. Lui et Andy restaient assis pendant des heures. Andy jetterait une idée et T.J. lisserait les bords. T.J. savait créer un cadre dans lequel les idées d'Andy s'intégreraient pour qu'elles puissent être mises en œuvre.

C'est ça ! pensa-t-il, en levant la tête. «Aïe !» cria-t-il quand sa tête toucha le plafond. *Oh ouais*, se dit-il, *je suis sur une échelle*. Il descendit en frottant l'endroit douloureux à l'arrière de sa tête, et a levé les yeux pour voir si sa tête dure avait abîmé le plâtre du plafond.

Avant de déplacer l'échelle, il s'assit par terre et commença à se parler à lui-même. «Donc, si je suis un pinceau biseauté, Andy était un rouleau ! Il a proposé les idées principales, puis j'ai fourni la structure pour les cibler et les mettre en œuvre. C'est pourquoi nous avons réussi ensemble. Parfois, Andy arrivait avec une idée folle, mais quand on faisait un zoom sur la partie réalisable», T.J. faisait un cadre rectangulaire de ses mains comme un réalisateur, «alors nous étions capables de réaliser quelque chose. Les idées d'Andy étaient toujours bonnes, elles avaient juste besoin d'un peu de concentration... et c'était mon rôle.»

Jill est apparue dans l'embrasure de la porte, en frottant le sommeil de ses yeux. «Chérie, à qui parles-tu ? On dirait que tu es plutôt excité à propos de quelque chose. Tu as trouvé le type de pinceau qu'est Andy ?»

«Je pense que oui» dit T.J. en souriant. «Je peux t'en parler autour d'un toast ?»

Chapitre Dix-neuf

T.J. expliqua avec enthousiasme son hypothèse à Jill autour du petit déjeuner. «Ça me semble logique», dit-elle en souriant. «Peux-tu me passer le beurre ?» Elle ajouta une noix à sa dernière bouchée de toast. «Depuis combien de temps es-tu debout ?»

«Pas très longtemps», répondit T.J. «Je pense que je peux finir la peinture et le nettoyage avant le déjeuner.»

Le visage de Jill s'était illuminé. «Oooo. Je vais sortir les vêtements de bébé que ta sœur nous a envoyés et commencer à les fouiller. Peut-être qu'on pourrait commencer à monter les meubles ce week-end !»

«Tu veux toujours retourner travailler demain ?» demanda T.J.

«Je crois que oui» dit-elle. «J'ai rêvé que j'étais à mon bureau et j'ai entendu un client à la réception parler de pinceaux. Je me suis réveillé et j'ai réalisé que c'était toi ! Donc, je me suis dit que le «vrai travail» pourrait être une bonne diversion. Et je me sentais plutôt bien quand je me suis réveillée ce matin. Je pense qu'une demi-journée de travail cette semaine sera une bonne préparation pour la semaine prochaine.» Elle poussa sa chaise en arrière de la table et son ventre rond hors de la chaise. «D'accord, M. le Peintre. Je vais à la douche. Je passerai voir si tu as eu des révélations après.»

Alors que T.J. rentrait dans la chambre du bébé, il est allé voir de plus près les deux murs qui étaient déjà peints. Il passa sa main sur l'un d'eux pour sentir la douceur de la peinture bleue. Qu'est-ce que c'est ? se demanda-t-il. Il y avait un petit trou noir rond sur le mur. On aurait dit que quelqu'un avait enlevé un clou ou une punaise. En regardant de plus près le mur, il pouvait voir plusieurs trous. Il imaginait que c'était peut-être l'emplacement d'une affiche mettant en vedette le joueur de sport préféré d'un enfant. Il se dirigea alors vers les murs non peints. Bien sûr, il trouva douze trous similaires. T.J. savait qu'il devait les remplir avant de peindre, alors il se dirigea vers le hangar pour aller chercher de l'enduit à rebouchage et un couteau à mastiquer.

Au bout de dix minutes, il avait rempli tous les trous des murs blancs, mais pas ceux des murs bleus. Il était certain que les petits cercles blancs se démarqueraient comme le nez au milieu de la figure sur le fond bleu, il était donc clair qu'il devait les peindre. Comment ? Il se questionnait en regardant le sol. Le rouleau n'était certainement pas le bon outil pour peindre des taches si petites. Il livrerait beaucoup plus de peinture qu'il n'en faut. Il baissa les yeux vers le pinceau biseauté. Peut-être que cela pourrait marcher…, pensa-t-il, mais cela ne serait pas encore assez concentré. Il avait besoin de quelque chose qui mettrait une très petite quantité de peinture dans un endroit bien précis. Quelque chose comme un coton-tige ou…, ses yeux s'illuminèrent quand il remarqua le sac marron de l'autre côté de la pièce, ou encore un pinceau en mousse ! T.J. était de plus en plus excité en remplissant les trous. Le pinceau en mousse n'était pas nécessaire au début du projet. Vous aviez besoin d'un rouleau pour faire ses traits larges et d'un pinceau incliné pour créer des limites. Cependant, pour s'assurer que la pièce avait l'air 'comme neuve' après quelques bosses, coups et trous, le pinceau en mousse était crucial !

T.J. passa le rouleau sur le troisième mur pendant que l'enduit à rebouchage séchait sur les autres. En peignant, il réfléchissait à ce que pourrait être un 'pinceau en mousse' dans la vie quotidienne. Il pouvait imaginer quelqu'un qui se souciait beaucoup des détails et dont la concentration sur les particularités pouvait les amener à rater de grandes choses devant eux. C'était comme s'il entendait le pinceau dire : «Voyez-vous comme il est évident qu'il y a un problème ici ? Il y a une tache blanche sur ce mur ! Si je ne peins pas cet endroit, personne d'autre ne le fera. Je ne veux pas entendre parler d'un autre travail que vous avez pour moi tant que je n'aurai pas réparé cette tache blanche ici. Je vous ferai savoir quand je serai prêt pour que vous me montriez où est le prochain. C'est mon genre de travail et je suis doué pour ça, mais ne commencez pas à parler de peindre tout ce mur. Ça prendrait une éternité !» Il se mit à rire quand il réalisa que la 'voix' du pinceau en mousse avait été celle de Hoyt. Quand il eut fini de passer le rouleau sur le mur, il prit du recul pour admirer son travail.

Jill s'était faufilée dans la pièce et se tenait à côté de lui, enroulant son bras autour de sa taille. «Tu as trouvé quelque chose ?»

«Oui, je crois», dit-il «Hoyt a une vision complètement différente de celle d'Andy. Il est tellement concentré sur les détails que mon 'cadre' lui semble beaucoup trop grand. Andy était tellement concentré sur la vue d'ensemble que mes 'cadres' semblaient trop petits pour lui ! Il ne me reste plus qu'à convaincre

Hoyt que peindre les trous rebouchés n'est pas la seule chose qui compte !»

Jill regarda T.J. et leva les sourcils. «Tu es sûr de ne pas avoir passé trop de temps à peindre dans un endroit mal ventilé ?»

T.J. sourit. «Peut-être, mais je n'ai plus qu'un mur à faire, alors pourquoi ne reviendrais-tu pas dans quelques instants et je t'expliquerai tout quand je serai devenu complètement fou !»

Chapitre Vingt

T.J. siffla alors qu'il se rapprochait du dernier mur et de l'encadrement de la porte, pensant à ce qu'il avait appris. Il était clair qu'Andy et Hoyt étaient différents, mais maintenant il comprenait mieux pourquoi et sur quoi ils se concentraient. Lui et Andy avaient travaillé ensemble avec succès, mais Andy avait toujours été le «grand penseur». Le rôle de T.J. était de le cadrer (en privé) au bon moment (le plus tôt possible). Lui et Hoyt avaient aussi connu quelques succès.... mais T.J. en avait été l'initiateur. Avec Hoyt, T.J. avait participé à plusieurs séances atroces (au moins pour lui) au cours desquelles ils avaient tout réétudié sur un projet avec plus de détails que ce que T.J. avait jugé nécessaire. En y repensant, T.J. s'apercevait qu'Andy avait probablement souffert de certaines séances similaires avec lui. «Non, Andy, on doit tenir compte de la disponibilité de Joe. Nous n'en aurons pas fini avec le projet aussi tôt que vous le voudriez.» Les pièces du puzzle s'assemblaient dans sa tête.

Il termina la dernière ligne parallèle au plafond et regarda le 'cadre' bleu. Il avait clairement besoin d'une œuvre d'art. T.J. peint alors un smiley sur le côté gauche du mur qui se transforma rapidement deux grands smileys et un petit. Il se recula et sourit à leur premier «portrait de famille».

«Wow, tu es devenu Picasso !» Jill rit en entrant dans la pièce. «Le petit gars a l'air plutôt heureux. J'aimerais juste qu'on ait un nom pour lui.» Elle ferma les yeux en pensant. «En as-tu trouvé ?» T.J. sourit. «Honnêtement, les noms auxquels je pense depuis une heure sont Andy et Hoyt et je ne pense pas que ça colle.»

«Probablement pas», elle ricana. «La chambre a l'air bien !» dit Jill en regardant autour d'elle. «Que penses-tu des restes pour le déjeuner ?» Martha et ses amies de la Chapelle McKinney s'étaient vraiment surpassées et T.J. et Jill attendaient avec impatience l'occasion de goûter un autre des plats qu'elles avaient apportés.

«Donne-moi une trentaine de minutes» dit T.J. «Je te dirai quand j'aurai fini et, si tu es prête, on pourra manger.»

«OK, j'ai le 'Showcase Showdown' à regarder. J'attendrai ton invitation !» répondit Jill.

T.J. prit le pinceau biseauté pour retoucher l'une des lignes du 'cadre'. En le faisant, il eut une idée. À l'aide du pinceau, il peignit une reproduction du tableau indicateur actuel de l'atelier. Il mit les chiffres de la production hebdomadaire dans le coin supérieur gauche, les actions hebdomadaires dans le coin supérieur droit, les chiffres mensuels dans le coin inférieur gauche et les actions de progrès annuelles dans le coin inférieur droit, de sorte que cela ressemble à ceci :

Production hebdo	Mesures de progrès hebdo
Production mensuelle	Mesures de progrès annuelles

Il dessina une flèche, puis un rectangle blanc de la même taille. Il divisa le rectangle en cinq sections et les étiqueta avec les choses qu'il devait examiner chaque semaine : ce qui était prévu, ce qui avait été fait et les mesures qu'il devait prendre pour améliorer ces chiffres cette semaine.

Hebdomadaire	
Résultats (# par jour)	Actions
Plan (#par jour)	Actions

Chaque zone de travail affiche actuellement son plan hebdomadaire, donc l'inclure sur un tableau commun lui donnerait simplement l'occasion de le revoir avec l'équipe chaque jour. Cela réglera le problème à court terme, pensa-t-il. T.J. dessina ensuite un autre rectangle avec six sections qu'il étiqueta comme suit :

Mensuellement	
Production	Plan
Annuellement	
Production	Plan

S'il voulait garder son travail, T.J. aurait certainement besoin de s'assurer que les chiffres de production soient maintenus au même niveau que le plan au fil du temps ! Mais, il semblait qu'il lui manquait encore quelque chose. Où était l'indicateur partagé avec la Planification ? Il mit le mot 'Réalisé' après le 'Plan' sur le tableau hebdomadaire de sorte que maintenant le tableau ressemblait à ceci :

Hebdomadaire	
Résultats (# par jour)	**Actions**
Plan (# par jour) Réalisé	**Actions**

Il prit du recul pour avoir une vision différente de la situation et réfléchit un peu. Alors, à quoi ressemblerait «Plan Réalisé» ? Premièrement, il ne s'agirait pas d'un chiffre, mais d'un pourcentage. Il est clair qu'un pourcentage élevé aurait une incidence positive sur son département et sur la Planification. Comment cela fonctionnerait-il ? Si la Production pouvait contribuer à la Planification d'ici mercredi, elle pourrait finaliser le plan le jeudi et, lorsque la semaine de production commencerait le vendredi matin, tout le monde serait prêt à l'exécuter. S'il pouvait avoir son mot à dire à ce stade du processus, il serait plus qu'heureux de s'engager à réaliser le plan. «Pas mal», dit-il à personne en particulier.

Maintenant, T.J. était vraiment excité. Il en résulterait certainement un plan plus raisonnable pour son magasin, mais comment pourrait-il convaincre le service de la Planification que le fait d'inclure les dernières informations sur les temps d'arrêt leur serait également utile ? Il pourrait peut-être demander à Eric de faire un test de quatre semaines avec lui. Ensuite, si tout allait bien, Eric et lui pourraient présenter les résultats à Hoyt et John pour qu'ils soient appliqués dans le reste de l'usine. Il baissa les yeux vers sa montre. Il était presque midi. Il appellerait Eric après le déjeuner pour voir s'il y avait un espoir de faire un test dès cette semaine. Il mit le pinceau biseauté de côté, remplit le rouleau de peinture et passa le rouleau sur le dernier mur et sur ses tableaux indicateurs. Tandis qu'il masquait la dernière bande blanche restante, le plancher grinça derrière lui. «Ooooh» dit Jill, «ça a l'air génial ! T.J. Hughes, tu es un excellent peintre.»

«Merci», répondit T.J. «Je ne savais pas qu'il y avait autant de bénéfices dans la peinture d'une chambre. Tu veux m'aider à nettoyer ?»

Chapitre Vingt-et-un

T.J. expliqua ses révélations picturales à Jill au cours de leur déjeuner constitué des restes de la nourriture apportée par Martha et ses amies.

«Alors laisse-moi résumer», dit-elle. «Hoyt est un pinceau en mousse. Il se concentre sur le maintien des choses. Tu es un pinceau biseauté, concentré sur la mise en place d'un cadre. Andy est comme un rouleau, il a une vision d'ensemble, mais peut-être pas si précise.»

T.J. eut comme une révélation. «Excellent résumé, je dois fouiller les poubelles une minute.» Jill lui jeta un regard perplexe. «Je reviens tout de suite», dit-il, alors que la porte claquait derrière lui. Cinq minutes plus tard, il était revenu à la cuisine et plaça l'emballage des rouleaux au centre de la table. La marque bleue 'Entrepreneur' se distinguait sur le fond blanc. A côté, il avait posé l'emballage en carton du pinceau biseauté qui indiquait fièrement 'Le Meilleur des Bâtisseurs' en rouge et blanc. Finalement, il posa le pinceau en mousse encore humide sur la table. Il l'a retourné pour montrer la marque «M. Exploitant» sur sa poignée. «Jill, tu es incroyable ! Je n'avais pas réalisé que les marques me donnaient un indice.» Il s'est demandé à haute voix, «Ce modèle convient-il à tout le monde ?»

Jill a ri. «Eh bien, je me vois vraiment comme un bâtisseur. J'aime les nouveaux défis, mais je préfère quand quelqu'un me donne des orientations générales. Une fois qu'un défi est maîtrisé, je suis prête à en relever un autre.»

T.J. avait décidé d'essayer le modèle sur ses parents. Sa mère était enseignante. Être épanoui en enseignant la même année d'études pendant vingt-cinq ans semblait difficile à faire pour un entrepreneur ou un bâtisseur. «Alors» dit T.J. à haute voix, «Et ma mère ? Elle enseigne au CP depuis vingt-cinq ans. Elle est vraiment douée, mais cela me rendrait fou. Tu penses que c'est un exploitant ?»

Jill leva lentement les yeux, «Non, bâtisseur.... juste un bâtisseur de personnes au lieu d'un bâtisseur de *choses.*»

Les yeux de T.J. s'étaient agrandis soudainement. «Oh» dit-il, «tu as raison. À la fin de l'année, elle est toujours si fière de ce que ses élèves ont appris et du fait qu'ils sont prêts pour la prochaine année. Alors, que penses-tu de papa ?» demanda T.J. «Il a toujours aimé être dentiste, mais l'idée de voir les mêmes dents tous les six mois pour le reste de ma vie me donne la chair de poule. Il aime particulièrement les patients qu'il voit depuis leur enfance. C'est comme s'il voyait les résultats à long terme de son travail dans leur bouche !»

«Exploitant» dit Jill. «Il aime aussi la Mustang 1965 bleu poudre. Il aime juste s'occuper de la voiture. Il n'est pas à la recherche d'un nouveau modèle à reconstruire ou même d'un modèle récent avec toutes les cloches et les sifflets. Il veut veiller à ce que le moteur de «Betsy» reste propre et en bon état.»

«OK» dit T.J, «encore un test. Et Shawn et Whitney ?» Le couple s'était lié d'amitié avec T.J. et Jill depuis qu'ils étaient arrivés en ville et sont restés de vrais amis.

Jill a commencé, «Shawn a toujours un ou deux projets en cours, et il est toujours intéressé à essayer de nouvelles choses.»

«Tu sais, Whitney a généralement une longue liste de choses à faire» ajoute T.J. «Aussi, il semble que Shawn a travaillé dans l'architecture et la construction toute sa vie. Il vient tout juste de prendre en charge la partie contractuelle de l'entreprise de son père il y a quelques années et tu ne peux pas conduire n'importe où avec lui sans qu'il ne te parle des maisons et des commerces qu'ils ont construits dans la région. On dirait un bâtisseur.»

Jill acquiesça d'un signe de tête : «OK, parlons de Whitney. C'est une mère au foyer et elle adore ça. Je suppose qu'elle passe sa journée à essayer de maintenir l'ordre dans sa maison. Exploitant ?» Jill a deviné.

T.J. réfléchit à cette idée pendant une minute. «Je pensais que les exploitants étaient plus concentrés sur le bon fonctionnement des choses que sur l'apport de grands changements. Il me semble qu'elle est là la source de la liste des tâches de Shawn !»

Jill dit alors : «Oui, tu as raison, elle aime bien faire des projets avec leurs enfants, et elle est visionnaire. Elle m'a dit un jour que sa philosophie parentale est de se demander : «Est-ce que ce sera important dans vingt ans ?»

«Wow» dit T.J., «ça sonne comme un entrepreneur pour moi.»

«Alors que vas-tu faire de ces révélations ?» Jill a demandé ensuite.

«J'ai eu une idée à propos de mon problème d'indicateurs pendant que je peignais le dernier mur, donc pour commencer, je vais appeler Eric cet après-midi pour essayer de faire bouger quelque chose cette semaine. Je pense que j'irai au travail demain après-midi aussi. Maintenant que je comprends un peu mieux Hoyt, je peux peut-être trouver un moyen d'utiliser nos forces ensemble sur ce problème.» T.J. s'arrêta. «Merci d'en avoir parlé avec moi. Je crois que je suis prêt à voir Reid McKinney samedi.»

Jill sourit, «Je pense que tu l'es aussi.»

Chapitre Vingt-deux

Jeudi après-midi T.J. avait appelé Eric pour discuter de la possibilité de tester l'indicateur de réalisation du plan au cours des trois prochaines semaines. Après une longue discussion, Eric avait accepté. Comme c'était déjà jeudi après-midi, la prochaine mission de T.J. était de le convaincre de demander à l'équipe de la Planification de la production de parler à Joey pour qu'elle puisse inclure le temps d'arrêt prévu dans le plan pour la semaine prochaine. Eric savait qu'il serait difficile d'avoir une conversation avec son équipe, mais T.J. était tellement passionné qu'il était prêt à essayer. T.J. termina la conversation en planifiant une rencontre avec Eric le vendredi après-midi pour discuter des résultats.

Vendredi matin, le ciel était gris et nuageux et T.J. s'est levé quatre-vingt-dix minutes avant que Jill ne commence à bouger. Il passa le temps à déballer la boîte du berceau du bébé et à relire les instructions. Lorsque Jill arriva, il avait déjà rangé les pièces du lit sur le sol et les outils dont il avait besoin pour assembler le lit. Alors qu'ils prenaient leur petit déjeuner, ils décidèrent de travailler ensemble sur le berceau et d'accrocher les décorations «baby jungle» que les parents de Jill avaient achetées sur la liste de naissance. La matinée passa vite et, avant qu'ils ne s'en rendent compte, il était déjà temps de faire le ménage et d'aller déjeuner.

Au Jardin Italien, ils parlèrent de leur semaine autour de quelques tranches de pepperoni. Leur expérience de samedi leur avait fait peur, ainsi qu'à leur famille, mais Jill semblait se rétablir rapidement.

«A quoi as-tu pensé quand tu étais à l'hôpital ?» demanda T.J.

La réponse de Jill l'a surpris. «Tu sais, je ne suis vraiment pas sûr. Je me souviens que tu es venu me voir les deux premiers jours, mais la première chose dont je me souviens clairement, c'est la visite de Hoyt. Dès qu'il a franchi la porte, c'était comme si mes sens étaient en plein éveil pour la première fois depuis des jours. J'imagine que les médicaments qu'ils m'ont prescrits ont gardé le bébé là où il était censé être, mais j'ai l'impression d'avoir perdu quelques jours en retour. Jill a regardé T.J: Tu avais peur ?»

«Oui» acquiesça T.J., «Samedi, c'était plutôt horrible. J'imaginais devoir appeler tes parents pour leur dire que je vous avais perdus tous les deux. Je ne savais pas comment j'allais survivre seul. Puis, une fois à l'hôpital, j'étais presque sûr que tu allais t'en sortir. Je savais que le bébé n'était pas encore tiré d'affaire, mais je pensais qu'au moins nous serions ensemble.»

Ils sont restés assis en silence pendant quelques minutes. «Alors, sommes-nous prêts pour ce gamin ?» demanda T.J.

«Je l'espère», répondit Jill. «Tout le monde n'arrête pas de dire qu'il faut profiter du temps avant son arrivée et bien dormir. Je sais que nos vies vont changer ; je crois que c'est pour le mieux. Je ne sais pas comment on va se comporter, mais je suis prête à le tenir dans mes bras et à chanter *Chut, petit bébé* comme ma mère me l'a fait.» «Tu seras une mère géniale», dit T.J. en souriant. «Quelle est ta plus grande peur ?»

«Je ne sais toujours pas comment je vais équilibrer ma vie de mère et mon travail. Je suis heureuse de ne pas avoir à répondre à cette question avant quelques mois. J'aime vraiment mon travail. Je veux dire, je suis prête à retourner travailler cet après-midi. Je ne le redoute pas du tout. Mais j'ai toujours voulu être maman aussi.» Sa voix s'est éteinte et T.J. a rempli le silence. «J'ai juste peur de ne pas savoir quoi faire. J'aime les enfants et tout ça, mais les bébés, c'est une autre histoire. Couches, érythème fessier, biberons, bains...tout cela est nouveau pour moi. C'est comme si on allait à l'école pour bébés ! Est-ce qu'on aura un diplôme quand ce sera fini ? Et comment savoir si on a réussi ?»

Jill a traversé la table pour prendre la main de son mari. «On le découvrira ensemble.»

T.J. déposa Jill à la banque, lui donna un baiser après l'avoir raccompagnée à la porte. «On se voit vers cinq heures ?» demanda-t-il.

«Ouais, ça a l'air bien», répondit Jill. «J'essaie juste de rattraper le temps perdu aujourd'hui. Je t'aime.» dit-elle en donnant à T.J. un baiser sur la joue.

T.J. la regarda franchir les deux portes vitrées et entrer à la banque. Il chuchota une prière de reconnaissance et se dirigea vers la voiture. Dix minutes plus tard, il était arrivé sur le parking de l'usine. Après avoir franchi la porte, il avait prévu de voir Eric avant de passer un peu de temps avec son équipe dans l'atelier. T.J. déposa son manteau dans son bureau, mit ses chaussures de protection et se dirigea à gauche vers le service Planification. Ses pieds semblaient lourds et il baissa les yeux vers les gros orteils en acier que ses pieds avaient oubliés en quelques jours. Il leva les yeux au bon moment pour éviter de croiser Joey.

«Hé, le Patron !» dit Joey en souriant. «Comment va votre petite dame ?» T.J. ne pouvait s'empêcher de penser qu'une Jill bien enceinte détesterait qu'on l'appelle une «petite dame».

«Beaucoup mieux, Joey, merci de le demander. Elle est partie travailler cet après-midi, alors je me suis dit que je viendrais voir ton visage souriant !»

«Ravi d'apprendre qu'elle va mieux», a dit Joey. «Hé, Patron, tu as une minute ?»

«Bien sûr, Joey, qu'est-ce qui ne va pas ? Tu veux qu'on aille parler quelque part ?»

«Rien de mal, mais nous avons quelque chose à discuter. Viens à l'atelier avec moi.» Alors qu'ils marchaient, T.J. remarqua qu'ils se dirigeaient vers la zone de l'équipe, pas vers le poste de Joey. Il a été surpris lorsque Joey s'est arrêté juste devant le tableau indicateur.

«Patron, tu sais ce qui s'est passé hier ? Lori de la Planification est venue me voir, jusque ici, dans l'atelier ! Elle portait même des chaussures de protection au lieu de surchaussures. Bref, passé le choc, on a commencé à parler. Tu sais ce qu'elle voulait ?» Joey ne s'est pas arrêté longtemps pour avoir une réponse. «Elle a demandé quelles machines étaient en panne. Elle a dit qu'elle préparait notre plan hebdomadaire et qu'elle voulait s'assurer que la disponibilité des machines était correcte. Je n'en revenais pas.»

T.J. a essayé d'avoir l'air surpris. «Alors qu'est-ce que tu lui as dit ?»

«Je lui ai parlé de la TR1 et du moment où nous espérions la récupérer. Nous avons parlé de qui serait ici la semaine prochaine. J'étais tellement excité que je lui aurais parlé de mon solde de compte bancaire si je pensais que ça pouvait aider. Puis, ce matin, elle a sorti un plan de la semaine que je pense que nous pouvons atteindre ! Ça me donnera envie de venir travailler Lundi !»

Chapitre Vingt-trois

T.J. savait que le Wilder's se remplissait assez tôt le samedi matin et Reid McKinney ouvrait toujours son magasin à 8h00. Il a donc réglé son réveil avec réticence sur 6h30 avant de se coucher le vendredi soir. Le réveil a parfaitement fonctionné et il faisait encore nuit quand T.J. est entré dans le parking d'un bâtiment en bois isolé avec un panneau en vert et blanc sur la porte indiquant fièrement que c'était le Restaurant de Wilder's.» Il y avait des camionnettes de toutes marques et de tous modèles qui remplissaient le parking. T.J. s'est senti tout petit alors qu'il garait l'Accord de Jill entre deux d'entre elles. La lumière provenant des grandes fenêtres de l'immeuble était joyeuse et chaleureuse et a fait penser T.J. à la bonne nourriture qui y était préparée.

Il ouvrit la porte et inspecta la salle pleine d'une foule de soixante-cinq ans et plus. Certains clients plus jeunes semblaient être des petits-enfants, ils étaient installés autour de deux ou trois tables. Lors de son deuxième passage dans la pièce, il a vu Reid McKinney dans le coin arrière, aussi loin que possible de la porte, en train de lire le journal avec une tasse de café à côté. Il leva les yeux quand T.J. s'approcha de la table.

«Bonjour, T.J. ! C'est gentil de te joindre à moi !» T.J. serra la main que Reid lui avait tendu. Pendant une minute, il se sentit comme quand il avait onze ans à sa première rencontre avec cet homme à son arrivée dans l'équipe de baseball.

«Assieds-toi, Amber sera là dans une minute pour prendre ta commande. Alors, comment va ta charmante femme ?» T.J. expliqua les progrès de Jill et à quel point ils étaient tous les deux excités à l'idée qu'elle puisse retourner au travail lundi. Il a également profité de l'occasion pour le remercier pour la nourriture fournie par les dames de la Chapelle McKinney. «Cette Martha, sourit M. McKinney, est une cuisinière extraordinaire. Elle ne sait rien faire à moitié. Je sais qu'elle a été une bénédiction pour toi parce qu'elle l'est pour moi tous les jours.»

Il fut interrompu par l'arrivée de la serveuse qui sourit à T.J. alors qu'elle s'approchait de la table. T.J. a deviné que Reid était un de ses clients réguliers.

«Amber, j'aimerais te présenter mon ami T.J.», a commencé M. McKinney. «Je le connais depuis qu'il est petit.» Amber et T.J. acquiescèrent poliment l'un à l'autre.

«Prêt à commander ?» demanda-t-elle. T.J. n'avait même pas regardé le menu, mais il ne voulait pas perdre du temps.

«Bien sûr» répondit-il, «si tu commences par Reid.»

«Alors, Reid» commença-t-elle, «Spécial du samedi matin avec en plus de la sauce et des saucisses ?»

«Oui, madame» répondit M. McKinney. «Pourquoi dévier de la perfection ?» dit-il en souriant. Oui, pensa T.J., c'est un client régulier ici. Il n'avait aucune idée de ce que comprenait le spécial du samedi matin, mais il s'est dit que tout irait bien.

«Mets-en deux» dit T.J., en pliant son menu et en le rendant, «et de l'eau aussi, s'il te plaît.»

«Quelque chose à boire ?» demanda l'agréable jeune femme.

«Juste de l'eau, merci.»

«Merci à vous deux. Je reviendrai vite avec votre eau «, dit-elle en pointant son stylo vers T.J.

«Eh bien, T.J.» commença M. McKinney, «Je suppose que tu as passé une bonne semaine. On dirait que quelqu'un t'a enlevé un poids des épaules.»

«Oui Reid. Ramener Jill à la maison m'a aidé, mais j'ai aussi beaucoup appris en peignant cette semaine.»

M. McKinney s'est précipité : «Dis-moi, tu as fini la chambre de ton bébé ?»

T.J. se réjouit : «Oui, nous l'avons fait et c'est magnifique. Jill adore ça et je pense que le bébé aussi. J'avais vraiment besoin des trois types de pinceaux pour obtenir le résultat final que je voulais.»

«C'est une bonne nouvelle «, a répondu M. McKinney. «J'aime bien l'entendre quand quelqu'un atteint son but.»

T.J. poursuit : «Non seulement nous avons peint la pièce, mais j'ai aussi eu des situations au travail qui ont fait de la recherche de gens comme le rouleau et les pinceaux un exercice assez intéressant. T.J. a tiré un petit sac en plastique de la chaise à côté de lui sur la table. Devant M. McKinney, T.J. plaça alors l'emballage de rouleau bleu et blanc 'Entrepreneur', l'emballage en carton rouge et blanc du pinceau biseauté indiquant 'Le Meilleur des Bâtisseurs ' et le pinceau en mousse avec la marque 'M. Exploitant' sur sa poignée.

Amber est revenue avec l'eau de T.J. et a remarqué les emballages et les fournitures de peinture sur la table. «Vous allez peindre quelque chose aujourd'hui ?» demanda-t-elle en souriant.

Reid répondit en scintillant : «Non, T.J. a fini de peindre ; nous allons parler de ce qu'il a appris.»

Amber leva un sourcil et répondit : «On peut apprendre beaucoup de choses quand on peint. Mon mari et moi venons de repeindre la chambre de notre petite fille. Il aime l'appeler 'Pepto-Bismol Pink'. On apprend un petit quelque chose à chaque fois. Je reviens avec votre nourriture dans quelques minutes. Faites-moi savoir si vous avez besoin de quoi que ce soit.» Puis, elle est partie vers une autre table.

M. McKinney se tourna vers T.J. «Eh bien, tu as trouvé quelqu'un qui représente ces trois types de pinceaux ?»

T.J. acquiesça. «Bien sûr que je l'ai fait. Mais j'ai trouvé des gens qui avaient les mêmes forces que chaque type.»

T.J. prit une profonde respiration et commença à expliquer ce qu'il avait appris. «Mon ancien patron, Andy, est comme le rouleau. Il peut vraiment voir la situation dans son ensemble et parle beaucoup en général. Comme le rouleau, il peut couvrir beaucoup de «murs» en peu de temps, mais les détails ne l'intéressent pas. J'ai vraiment aimé travailler avec lui mais je n'ai jamais vraiment compris pourquoi jusqu'à maintenant. J'ai découvert que j'étais comme le pinceau biseauté. J'adore 'poser un cadre' autour des choses. Andy faisait de grandes propositions et je dessinais le cadre pour qu'il reste à l'intérieur des limites. Bien que j'aie vraiment aimé travailler avec Andy, j'ai eu beaucoup de mal avec Hoyt, mon nouveau patron. Maintenant je comprends qu'il est comme le pinceau en mousse. Il se concentre sur les petits détails qui sont nécessaires pour un bon produit fini, mais il n'a pas une vue d'ensemble.» T.J. s'arrêta pour respirer et attrapa le regard de Reid. Ses yeux scintillaient alors qu'il souriait à T.J. comme un père fier. T.J. redressa le coin de la bouche d'un demi-sourire en reconnaissant le même regard dans les yeux de ce vieil homme que celui qu'il avait vu quand il avait appris à frapper une balle courbe.

Quelques secondes plus tard, Amber arriva avec leur nourriture. «Eh bien, T.J., dit M. McKinney, ne laissons pas cette bonne nourriture refroidir.» T.J. regarda son assiette remplie de deux énormes biscuits, d'un grand bol de sauce et de deux galettes de saucisses. Il n'aura peut-être pas besoin d'un autre repas de toute la journée ! T.J. déballa ses ustensiles et leva les yeux juste à temps pour remarquer la tête baissée de Reid et ses yeux qui s'ouvraient pour regarder sa nourriture. Ils ont tous deux mangé en silence pendant une minute, puis M. McKinney poursuivit : «On dirait que tu as beaucoup appris sur la peinture, les pinceaux et les gens. Quand j'ai commencé chez Lackey & Durham à la fin de mes études, j'ai eu les mêmes frustrations que toi.» T.J. était surpris. Il n'avait jamais pensé que M. McKinney ait travaillé ailleurs que dans la quincaillerie. T.J. s'est concentré à nouveau sur la conversation à temps pour entendre M. McKinney continuer. «Lackey & Durham n'était pas aussi grand à l'époque, mais j'ai vite découvert que tout le monde ne pensait pas de la même façon que moi. Un dimanche après-midi, alors que j'expliquais mes problèmes à mon père, il m'emmena au magasin et me donna une leçon sur les gens et les pinceaux que je n'oublierai jamais.

«Aussitôt après notre discussion, j'ai réalisé que papa était un visionnaire avec de grands rêves pour le magasin mais qu'il avait besoin d'aide... quelqu'un pour structurer ses idées. J'ai quitté l'usine quelques semaines plus tard, j'ai rejoint papa au magasin, et je n'ai jamais regardé en arrière.» T.J. était heureux d'avoir appris la leçon que M. McKinney voulait lui donner et, en même temps, il avait l'impression de rater quelque chose.

«Alors Reid, commença T.J., je suis sûr que tu as vu des gens de toutes sortes dans votre magasin, à l'église, même quand vous étiez à Lackey & Durham. Est-ce qu'un type de profil a plus de succès que les autres ?»

M. McKinney ria. «En fait, j'ai vu tous les types de personnes échouer de la même façon. Et c'est généralement parce qu'elles pensaient qu'elles pouvaient y aller seuls. D'après ce que j'ai vu, le succès arrive quand on travaille avec les autres sortes de profils.»

M. McKinney s'est arrêté pour manger un morceau et T.J. a réfléchi pendant une minute à sa déclaration. Il avait pris une serviette dans le distributeur et écrivit, *Relations = Succès.* «Alors Reid, dit T.J. en écrivant à la hâte sur la serviette, d'après votre expérience, comment puis-je mieux m'identifier et travailler avec chaque type de profil ?

M. McKinney mâchait avec attention. «Papa a passé quelque temps au Japon après la seconde guerre mondiale. C'est là qu'il a appris une de ses citations préférées : La vision sans action est un rêve éveillé. L'action sans vision est un cauchemar. C'est l'une des meilleures explications que j'ai entendues pour expliquer la relation entre les trois types de personnes. Pour réussir, on ne peut pas en avoir un sans les autres. Les entrepreneurs reçoivent beaucoup de publicité, par exemple, parce qu'ils semblent se projeter dans l'avenir. En fait, ils ne semblent pas du tout vivre dans le présent. Saviez-vous que lorsque Winston Churchill avait dix-sept ans, il avait prédit qu'il allait sauver l'Angleterre ? C'était quarante-neuf ans avant le début de la Seconde Guerre mondiale ! De toute évidence, il voyait déjà ce que l'avenir lui réservait. Les entrepreneurs ont généralement un grand charisme et les gens qui adhèrent à leurs visions font presque tout pour eux. Cependant, leur chute la plus fréquente est qu'ils ne voient pas beaucoup de raisons (s'il y en a) pour lesquelles leur vision ne peut être réalisée. Une fois que la vision est née en eux, ils y croient tellement fort qu'ils ne se découragent pas facilement, peu importe l'information qui les entoure. Cela peut être positif, comme Franklin Roosevelt et le New Deal. Cela peut aussi être négatif comme Robert E. Lee à Gettysburg. Il n'a pas écouté l'équipe de généraux qui l'entourait lui dire que la bataille ne pouvait être gagnée.»

T.J. avait écouté avec une attention si vive qu'il n'avait pas pris une bouchée. Il prit plusieurs grandes bouchées avant de poser une autre question. «Les entrepreneurs sont-ils obligés d'utiliser leurs 'pouvoirs spéciaux' pour le bien ?» M. McKinney hocha la tête. «Absolument! Une bonne vision n'existe pas seulement pour améliorer la vie d'une seule personne ; elle doit faire une différence pour l'humanité. Tu connais Jim Jones ? Il a convaincu plus de neuf cents personnes de déménager avec lui des États-Unis à Jonestown, au Guyana. Puis, il était si persuasif que la plupart d'entre eux se sont suicidés sous sa direction. C'était un entrepreneur ? Oui. A-t-il fait une différence positive pour l'humanité ? Je ne crois pas.»

T.J. restait dans un silence ébahi. Comment ce propriétaire d'une petite quincaillerie de la ville a-t-il trouvé un modèle aussi détaillé de la façon dont les gens agissent ? Il prit une autre bouchée avant de demander «Qu'en est-il des bâtisseurs ? Qu'est-ce qui les fait vibrer ?»

Reid sourit. «Tu en es un. A toi de me le dire !»

Les yeux de T.J. s'élargirent alors qu'il avait l'impression qu'un projecteur venait de se tourner vers lui. «Eh bien, les bâtisseurs aiment vraiment la structure. Comme les entrepreneurs, ils regardent vers l'avenir parce qu'ils essaient de créer quelque chose. Mais, ils ont aussi un pied fermement ancré dans le présent parce que, tu sais, ils essaient de créer quelque chose aujourd'hui qui sera utile demain.»

Les yeux de T.J. brillaient lorsqu'il se souvint d'un de ses bâtisseurs préférés. Il se mit à parler plus vite. «Quand j'étais enfant, j'étais fasciné par l'espace et ceux qui y voyageaient. Je me souviens d'avoir regardé ces images granuleuses de Neil Armstrong marchant sur la lune et pensant à quel point il était incroyable que des humains aient trouvé comment visiter l'espace. Pourquoi Armstrong était-il là ? Deux personnes ont fait en sorte que ça arrive. Un entrepreneur nommé Kennedy a ouvert la voie à la lune en 1961, alors que seulement un Américain avait été dans l'espace. Kennedy n'était pas un spécialiste des fusées, mais Werner Von Braun oui. Von Braun construisait des fusées depuis les années 1940. Les connaissances de Von Braun, l'engagement et la vision de Kennedy se sont combinés pour créer un programme qui pourrait emmener des humains sur la lune et les ramener sains et saufs.»

T.J. poursuit : «Les bâtisseurs sont des gens qui ont moins d'idées et qui adhèrent davantage à une vision qu'ils aident à concrétiser». Ils peuvent construire des choses comme des routes, des processus ou des logiciels. Ils établissent également des relations et peuvent servir comme centre d'un réseau. Ces bâtisseurs sont le genre de personne qui ne connaît pas la réponse... mais ils connaissent quelqu'un qui la connaît.»

M. McKinney l'interrompit d'un geste de la main. «T.J., les bâtisseurs ont l'air cool, mais je suis sûr qu'ils ont des faiblesses, non ?»

T.J. sourit en hochant la tête. Il connaissait trop bien les faiblesses d'un bâtisseur, lui-même. «Parce que les bâtisseurs examinent tous les détails, ils se concentrent souvent sur les raisons pour lesquelles les choses ne peuvent pas être faites. Et ils aiment le faire eux-mêmes, alors parfois ils ont du mal à s'aligner sur les idées d'un entrepreneur... même s'ils savent qu'ils doivent travailler ensemble pour réussir.»

T.J. s'était arrêté pour respirer et M. McKinney prit le relais. «Alors, en tant que bâtisseur, que penses-tu des entrepreneurs ?»

T.J. réfléchit une seconde avant de répondre. Qu'a-t-il ressenti pour Andy ? «Je les admire et je veux mettre en commun nos compétences pour que nous puissions atteindre cet objectif», déclara T.J. avec fermeté.

Amber passa près de la table, alors que T.J. prenait l'une de ses deux dernières bouchées de biscuits, «Avez-vous besoin d'autre chose aujourd'hui ?» M. McKinney a souri en répondant. «Non merci, je crois qu'on a presque fini.»

«Rien ne vous presse de partir, mais voilà l'addition. Vous pouvez payer auprès de John à l'entrée.»

M. McKinney regarda sa montre. «Eh bien, T.J., j'ai encore quelques minutes avant d'aller au magasin et il y a un type dont nous n'avons pas parlé. Si tu veux que quelque chose réussisse à long terme, tu as besoin des exploitants pour la pérenniser. D'après ce que j'ai vu, ce sont les plus incompris des trois types. Laisse-moi te raconter à quel point ils sont critiques.

«A Jérusalem, vers l'an 1000 av. J.C., le roi David régnait sur les royaumes d'Israël et de Judée. Pour le peuple de David, l'Arche d'Alliance (une boîte en bois recouverte d'or) représente la présence de Dieu sur terre. Pendant des centaines d'années, l'Arche était restée dans une tente faite de poils de chameau. Maintenant, David dit au prophète Nathan : «Tu sais, j'ai une jolie maison ici, mais nous avons la présence de Dieu dans une tente... nous devrions peut-être réparer ça». Une idée géniale dit Nathan, mais le lendemain, Nathan revient pour dire à David : «Tu sais, ce temple dont nous avons parlé hier est une idée géniale, mais c'est ton fils qui le construira, et non pas toi». David aurait pu avoir des ennuis avec Dieu, ou même avec Nathan. Je peux presque l'entendre maintenant : «Tu sais, Dieu, c'est une très bonne idée.... Je vois ton temple maintenant, d'énormes piliers, des murs plaqués or, un grand endroit pour un grand Dieu.» Mais David n'a pas fait ça. Non, il passa sa vie à dessiner les plans, à faire des alliances pour s'assurer que tout le matériel serait prêt et, nous assumons, à passer du temps avec son fils, Salomon, pour lui décrire le plan.

«David meurt, et Salomon devient roi. Salomon aurait pu prendre tout le matériel que David avait rassemblé pour le temple et créer un stade ou un palais encore plus grand, mais il ne le fit pas. Il demanda l'aide des alliés de son père et, en utilisant la vision que David lui avait transmise, il construisit le temple. Sept ans de travail et ce fut fait - seulement sept ans. La préparation de David a porté ses fruits, mais seulement après sa mort. Je suppose que David était aux premières loges, regardant les cérémonies d'inauguration du temple avec le sourire aux lèvres.»

«Alors attendez une minute, interrompit T.J., David eut une vision, il se prépara à la réaliser, et ne la vit jamais se concrétiser ? Cela semble être une punition cruelle et inhabituelle !»

M. McKinney a répondu : «Eh bien, T.J., j'ai vu que la plupart des organisations, des initiatives et des idées qui durent depuis longtemps ont un plan de transfert en place. Je pense que le roi David savait qu'il avait confié sa vision à Salomon. Maintenant, écoutes ce qui s'est passé ensuite.

«Le temple est construit et il y a une grande fête. Si cela s'était produit aujourd'hui, le temple serait tombé en ruines en quelques décennies, n'est-ce pas ? Pas ce lieu de culte. Les Lévites, une des douze tribus d'Israël, ont la tâche d'entretenir le temple et c'est exactement ce qu'ils font. Ils nettoient le temple, font les sacrifices quotidiens et célèbrent les fêtes... toutes ces activités régulières qui doivent être faites pour maintenir la nation dans la bonne relation avec Dieu. Les Lévites sont restés fidèles à leurs responsabilités pendant plus de quatre cents ans jusqu'à ce que le temple soit détruit.»

T.J. se rendit compte que la seule fois qu'il avait réagi pendant toute l'histoire, c'était pour commenter l'injustice de ce concept. Clignant des yeux, il bougea la bouche mais les mots ne venaient pas facilement. Il était tellement pris par le concept que les exploitants étaient nécessaires pour un succès à long terme qu'il n'était pas du tout prêt pour ce qui allait suivre. M. McKinney l'a regardé droit dans les yeux. «Alors, T.J., qu'est-ce qui te tracasse ? Est-ce un exploitant qui ne peut pas voir la situation dans son ensemble, un bâtisseur qui ne vous délègue rien parce qu'il fait tout, ou un entrepreneur qui n'a jamais d'idées concrètes et qui ne fait que parler en général ? Puisque les bâtisseurs et les entrepreneurs coexistent généralement assez bien, je suppose que ton patron est un exploitant et que tu as du mal à comprendre pourquoi il veut que tu te concentres sur des choses que tu penses être des détails plutôt mineurs.»

T.J. regarda son assiette. Il restait une bouchée. S'il la prenait, il pourrait s'accorder quelques secondes pour réfléchir en mâchant. Il remplit sa fourchette, la mit dans sa bouche et mâcha très lentement. Il était stupéfait que ce vieux grand-père ait pu décrire ses problèmes de façon si succincte - et sans presque aucune connaissance de la situation ! Ayant fini de mâcher il prit un verre. «Ça a l'air idiot de parler à un type qui possède une quincaillerie, mais vous avez tapé dans le mille. Mon nouveau patron se concentre sur des choses qui me semblent sans importance. C'est nécessaire pour garder ce navire à flot, mais j'aimerais vraiment savoir comment construire un nouveau navire ! Mon ancien patron avait toujours de grandes idées et il comptait sur moi pour les mettre en œuvre. Cela me manque» dit T.J. presque en murmurant.

«Eh bien, on dirait qu'il est temps pour moi d'aller ouvrir le magasin «, dit M. McKinney alors qu'il repoussait sa chaise de la table. «Tu es un gars intelligent, T.J. Tu vas trouver une solution. Pourquoi tu n'y réfléchis pas ce week-end ? Je parie que tu auras un plan prêt pour lundi matin.» Puis, M. McKinney se leva, posa sa main sur l'épaule de T.J. et se dirigea vers la porte.

T.J. resta assis à table quelques minutes de plus, organisant les pensées dans sa tête. Lorsqu'il décida de se lever de table, il se rendit compte que M. McKinney avait emporté l'addition avec lui. T.J. s'est arrêté à la caisse. «Je prenais mon petit-déjeuner avec Reid McKinney dans le coin. Je veux payer ma part de la facture.»

Le monsieur derrière la caisse enregistreuse a rigolé. «Reid McKinney mange ici depuis plus de vingt ans. Je ne l'ai jamais vu laisser un invité payer un repas. Il s'est occupé de l'addition et a laissé un bon pourboire à Amber aussi. Maintenant, vas te préparer pour le petit. Il sera là avant que tu t'en rendes compte !» T.J. sourit, en pensant qu'il n'y a pas de secrets dans cette ville.

«Oui, monsieur. Merci !» Il ouvrit la porte sur le début d'une journée qui semblait un peu plus ensoleillée qu'il ne l'avait vu depuis un moment.

Épilogue

Dimanche après-midi, pendant que Jill faisait une sieste bien méritée, T.J. s'était assis dans le salon et avait sorti un bloc de papier. Il commença à rédiger un plan de mise en œuvre du nouveau tableau de bord pour son atelier. D'abord, il a recréé les tableaux qu'il avait peints sur les murs de la chambre du bébé :

Hebdomadaire	
Résultats (# par jour)	Actions
Plan Réalisé (%)	Actions

Mensuellement	
Production	Plan
Annuellement	
Production	Plan

Avec Andy, il aurait pu s'attendre à une bonne discussion lundi sur le sujet. Cependant, il était presque sûr que ça n'irait pas comme ça avec Hoyt. Depuis que Hoyt avait rendu visite à Jill à l'hôpital, T.J. avait constaté qu'il avait beaucoup plus de patience dans ses rapports avec lui. Il se demandait *comment puis-je expliquer cette idée pour que Hoyt comprenne son importance pour moi ?* Il était presque sûr que Hoyt réagirait plus positivement au produit fini qu'à un brouillon. En fait, c'était peut-être une des raisons pour lesquelles Hoyt avait été promu à ce poste. Son poste précédent dans le domaine de la maintenance était axé sur le maintien du statu quo. Dans le service de production, si vous maintenez le statu quo, vous devrez fermer votre entreprise assez rapidement. T.J. devrait apporter une idée bien pensée et quelques exemples de réussite pour montrer à Hoyt que l'idée était prête à être mise en œuvre.

Pour mettre en œuvre les nouveaux indicateurs, il avait déjà Eric à bord, mais il lui faudrait certainement quelques semaines pour avoir les premiers résultats.

Il décida de garder l'idée secrète pendant deux semaines. Il l'écrirait sur la feuille de papier sous les dessins du tableau. Adapter son style à celui de Hoyt allait être un défi. Il devait fournir plus de détails qu'il ne le pensait nécessaire et trouver d'autres personnes autour de lui pour l'aider à tester ses idées. T.J. pris alors une profonde respiration. Trouver une nouvelle façon de travailler avec Hoyt allait être difficile, mais il voyait maintenant la voie à suivre.

Il entendit le grincement du plancher dans le couloir juste avant que Jill n'entre. «J'ai fait une bonne sieste jusqu'à ce que Junior décide qu'il était temps de me donner un coup de pied dans les reins ou la colonne vertébrale ou je ne sais quoi. Il va bientôt arriver. Tu as une idée pour le nom ?»

T.J. a posé ses notes sur la table basse. «Eh bien, en quelque sorte.» dit-il lentement. «Que penses-tu de Reid ?»

Alors, que fait-on maintenant ?

Après de nombreuses années d'observation des personnes dans le monde des affaires et dans la vie civile, j'ai remarqué un modèle qui m'a permis de comprendre pourquoi les gens agissent de la sorte dans de nombreuses situations. J'ai constaté qu'il s'appliquait au travail, à la maison et dans les organismes bénévoles. Il s'applique même au-delà des frontières internationales. Je ne suis pas psychologue et je n'ai fait aucune recherche universitaire dans ce domaine. De mon expérience je crois que savoir de quel profil vous êtes peut faire une grande différence dans la façon dont vous vous voyez... et savoir de quel profil sont les autres peut vous aider (et peu importe ce que vous faites) à avoir plus de succès. C'est pourquoi j'ai essayé de donner vie au concept d'entrepreneurs, de bâtisseurs et d'exploitants avec l'histoire de T.J.

À la fin de son petit déjeuner avec T.J., Reid McKinney a décrit trois types de personnes qui devaient construire et entretenir le temple. David était l'entrepreneur, le visionnaire. Il a eu une idée et il a passé sa vie à se concentrer sur cette idée et sur la façon de la réaliser.[1] Cela ne s'est produit que lorsqu'il a passé le relais à Salomon, le bâtisseur-constructeur. Salomon prit l'idée de quelqu'un d'autre et en fit une réalité en utilisant les compétences que Dieu lui avait données.[2] Quand le temple a été construit, quelqu'un devait s'en occuper. Cette tâche revenait aux Lévites, qui en étaient les exploitants. Ils ont prospéré grâce à la régularité de ce service et pendant près de quatre cents ans, un membre de cette famille s'est occupé de la «maison» de Dieu sur Terre.[3][4]

J'aurais de la difficulté à énumérer plus de quatre ou cinq idées/organisations qui existaient en 1600, et je suppose que vous auriez le même problème. Comment se fait-il que certaines idées réussissent pendant une courte période et ne durent pas ? Parfois, il semble que même les meilleures idées ne prennent pas naissance ! Je pense que le secret du succès réside dans les gens qui les réalisent. Il y a une place pour chacun ; ce livre vous aidera à voir que chacun est à sa place. Dans cette section, j'espère vous aider à comprendre : 1) chacun des profils un peu mieux et 2) à quel point ces trois profils de personnes peuvent être une force puissante lorsqu'elles agissent ensemble dans le même cadre. À la fin de cette section, j'espère que vous verrez les gens et leurs interactions avec les choses, les projets et les autres d'une manière nouvelle et significative.

Avant de parler en détail de chacun de ces profils, faisons un quizz. Lequel des trois profils ci-dessous vous ressemble le plus ?

A) Vous êtes enseignant et ce, depuis les dix dernières années. La partie la plus gratifiante de votre travail est de voir les enfants partir à la fin de l'année scolaire, prêts pour la classe supérieure.

B) Vous êtes dentiste et vous aimez vraiment votre travail. Même si vous devez admettre que les bouches se ressemblent beaucoup, vous aimez vous assurer que vos patients garderont leurs dents pour les années à venir.

C) Vous êtes un parent au foyer. Vous aimez trouver des projets à faire avec vos enfants et passer du bon temps à préparer avec eux la réalisation de l'activité. Toutefois, pendant que vous y travaillez, vous réfléchissez déjà à la prochaine chose importante à faire ensemble.

Le profil A est typique des *bâtisseurs*. Les bâtisseurs aiment «construire» des choses (personnes, organisations, processus, relations) jusqu'à ce qu'ils ne voient plus de possibilités d'amélioration. Ensuite, il est temps de trouver autre chose à construire.

Le profil B est typique des *exploitants*. Les personnes qui correspondent à ce profil aiment généralement être des «experts». Ils excellent à faire la même chose, de la même façon à chaque fois.

Le profil C est typique des *entrepreneurs*. Ils vivent rarement dans le présent, préférant regarder vers l'avenir. Ce sont des gens qui ont de grandes idées et qui voient souvent des opportunités avant tout le monde.

Dans les pages suivantes, nous explorerons ces trois profils. Au fur et à mesure que vous apprenez à les connaître, cherchez des indices sur vous-même, mais aussi sur les personnes qui vous entourent - votre conjoint, vos enfants, vos collègues, votre patron, vos employés, etc.

Entrepreneurs

Quand j'étais enfant, j'étais fasciné par l'espace et par les hommes et les femmes courageux qui y ont voyagé. De Spoutnik à John Glenn en passant par Christa McAuliffe, j'étais un accro de l'espace. Aux États-Unis, la NASA est l'organisation qui a permis à Neil Armstrong de recueillir des roches lunaires et Sally Ride de faire des roues en apesanteur. De toute évidence, la NASA a connu sa part de hauts et de bas (marches lunaires, station spatiale internationale) et de bas (les catastrophes Apollo 1, Challenger et Columbia), mais elle continue à améliorer la vie sur Terre en atteignant le ciel.

Examinons le programme Apollo de la NASA dans les années 1960 et 1970. La lune était une pièce séduisante de l'espace réel. Les États-Unis pourraient-ils envoyer quelqu'un là-bas... et le ramener ? Pour reprendre une phrase du livre de Jim Collins, *Good to Great,* c'était clairement un «Objectif Grisant Réellement Enorme (OGRE)». Mais pourrait-on y parvenir ? Le 25 Mai 1961, le président John F. Kennedy annonça son soutien au programme Apollo dans le cadre d'un discours spécial prononcé lors d'une session conjointe du Congrès :

« Premièrement, je crois que notre pays devrait s'engager à atteindre l'objectif, avant la fin de la présente décennie, de faire atterrir un homme sur la Lune et de le ramener en toute sécurité sur Terre. Aucun projet spatial ne sera plus impressionnant pour l'humanité, ni plus important pour l'exploration spatiale à long terme, et aucun ne sera aussi difficile ou coûteux à réaliser. » [1]

Saviez-vous que lorsque Kennedy a fait ce discours, un seul Américain avait déjà été dans l'espace ? Indépendamment de la situation actuelle, Kennedy a fait croire à ses concitoyens que quelque chose qui semblait impossible... était possible. C'est un trait clé d'un entrepreneur-visionnaire - la capacité apparente de voir vers l'avenir. Il existe de nombreux exemples célèbres de visionnaires. Par exemple, Winston Churchill a prédit à l'âge de dix-sept ans qu'il sauverait l'Angleterre - quarante-neuf ans avant le début de la Seconde Guerre mondiale ![2] Plus récemment, on peut dire qu'Elon Musk semble voir des opportunités bien avant le reste du monde. Il a vu un besoin de transfert d'argent en ligne (PayPal), de transport spatial à moindre coût (SpaceX) et de véhicules électriques (Tesla) bien avant beaucoup d'autres.

Les personnes ci-dessus ne sont que quelques exemples d'entrepreneurs-visionnaires que nous pouvons trouver dans le monde des affaires, de la politique, de l'éducation, du sport etc. Les entrepreneurs ont généralement un grand charisme et les gens qui adhèrent à leurs visions font presque tout pour eux. La vision qu'ils ont peut venir de l'intérieur (idées, rêves, etc.) tandis que d'autres 'naissent' quand nous voyons les possibilités qui nous entourent. Les entrepreneurs peuvent avoir des idées à tout moment. En fait, je connais un entrepreneur prospère qui garde un bloc de papier à côté de son lit pour ne pas perdre les idées qui pourraient lui venir à l'esprit pendant la nuit.

Un autre trait intéressant des entrepreneurs est qu'ils ne voient pas beaucoup de raisons (s'il y en a) pour lesquelles les choses ne peuvent être faites. Une fois qu'ils ont une vision, ils peuvent y croire si fermement qu'ils ne sont pas facilement dissuadés, peu importe l'information qui les entoure. Par exemple, Darwin Smith, PDG de Kimberly-Clark, a vu que l'industrie du papier de consommation était la tendance du futur pour son entreprise. Il était tellement convaincu au point de vendre les papeteries sur lesquelles l'entreprise était construite depuis vingt ans pour investir dans les marques d'aujourd'hui comme Huggies et Kleenex. Il a été critiqué par les médias économiques, et les analystes de Wall Street ont même déclassé les actions.[3]

Après avoir lu les descriptions ci-dessus, vous pourriez penser qu'être un entrepreneur sonne comme un spectacle plutôt cool.

Étape 1 : Faire une pause dans la forêt.

Étape 2 : Obtenir quelques idées

Étape 3 : Revenir et commencer à impressionner les gens avec mon regard éblouissant vers l'avenir.

Pas aussi vite…les entrepreneurs-visionnaires ont leurs propres défis particuliers.

D'abord, ils doivent voyager léger. Cela ne veut pas dire qu'ils ne peuvent utiliser que des bagages à main lorsqu'ils voyagent. Non, parce que le rôle d'un visionnaire est de faire avancer les choses, il se peut qu'il ne puisse pas voir toutes ses idées mises en œuvre.

Une fois qu'une vision est transmise aux bonnes personnes, l'entrepreneur peut avoir besoin de tourner la page pour pouvoir faire autre chose. Les entrepreneurs qui restent trop longtemps au même endroit peuvent en fait entraver la réalisation de leur vision.

De plus, en tant qu'entrepreneur, vous voyez les choses telles qu'elles seront dans le futur et que personne d'autre ne peut voir avec ses yeux du présent. Cela signifie que les gens peuvent se moquer de vos idées. Le vol motorisé, les voyages dans l'espace, la plongée sous-marine, l'accès à votre courrier électronique de la paume de votre main, tout cela était de la fiction jusqu'à ce que quelqu'un ait eu une vision et passa de la fiction au fait.

Enfin, en tant qu'entrepreneur, la race humaine s'attend à ce que vous utilisiez votre vision pour le bien des autres. Nous voulons tous vraiment que votre vision fasse une différence pour l'humanité. Malheureusement, tous les entrepreneurs (exemples : Jim Jones, Adolf Hitler) ne traduisent pas leur vision en actions positives pour le reste du monde. Alors, d'abord, ne causez pas de mal. Mais les visionnaires doivent faire quelque chose ! Il y a une différence claire entre un rêveur et un entrepreneur. Un entrepreneur prend la responsabilité de transmettre sa vision pour construire un avenir meilleur. Les rêveurs sont des gens entrepreneuriaux qui sont coupables de ne pas partager leurs idées. Mais attendez, dites-vous, je suis un visionnaire mais je ne sais pas avec qui partager ma vision ! Lisez, mon ami, continuez la lecture.

Bâtisseurs

Les visiteurs de la ville de Barcelone, la deuxième plus grande ville d'Espagne, sont confrontés à certaines questions dès qu'ils commencent à planifier leur visite. Des questions telles que :

«Qui est responsable de cette salamandre dans le Parc Guell ?»

«La cathédrale Sagrada Familia était-elle inspirée d'un château de sable ?»

«Qui a imaginé ces bâtiments avec des toitures aux courbes capricieuses et des façades aux couleurs et aux formes fantastiques ?»

Ces trois créations fantastiques (et encore plus) sont l'œuvre d'Antoni Gaudi, dont l'œuvre de toute sa vie lui a valu le surnom «d'architecte de Dieu».[1] Vous pourriez penser que quelqu'un dont les créations sont si fantastiques et créatives serait un exemple d'entrepreneur. Vous pouvez aussi deviner, en vous basant sur le titre de ce chapitre, que je crois que Gaudi est un excellent exemple de bâtisseur. La vision que Gaudi essayait de construire était une combinaison des créations naturelles qu'il voyait autour de lui. En tant que bâtisseur, Gaudi était responsable de la réalisation de la vision qui lui a été transmise. Il prit cela très au sérieux, passant même les onze dernières années de sa vie au sous-sol de la Sagrada Familia (commencée en 1882 avec une date d'achèvement prévue en 2026 [cent ans après la mort de Gaudi]). [2] Gaudi nous montre que, peu importe d'où vient la vision, il faut des bâtisseurs pour prendre une vision et la réaliser.

Dans le chapitre précédent, nous avons discuté la vision de John F. Kennedy de faire atterrir un homme sur la lune. De toute évidence, ce n'est pas un engagement que la plupart d'entre nous prendrions sans rien pour l'étayer. Kennedy avait Werner von Braun, bâtisseur extraordinaire, qui travaillait sur des fusées depuis plus de trente ans et en particulier la fusée Saturn, qui a transporté la précieuse charge utile humaine des États-Unis en orbite en 1969, depuis au moins trois ans.[3] Von Braun a continué à renforcer la présence des États-Unis dans l'espace dans les années

1970 en tant que premier directeur du Marshall Space Flight Center.[4]

Cela ne veut pas dire que la relation entre un entrepreneur et un bâtisseur est une relation «un à un». Prenons l'exemple de Franklin Delano Roosevelt. En acceptant la nomination démocrate à la présidence des États-Unis en 1932, il a promis ce qui suit :

« *Partout dans le pays, des hommes et des femmes, oubliés dans la philosophie politique du gouvernement, se tournent vers nous pour obtenir des conseils et des possibilités plus équitables de participer à la répartition de la richesse nationale... Je m'engage à une nouvelle donne pour le peuple américain. C'est plus qu'une campagne politique. C'est un appel aux armes.* »[5]

Roosevelt avait une vision de ce que le gouvernement pourrait faire pour aider les Américains à se remettre de la Grande Dépression. Cependant, il n'a pas pu mettre cette vision en place tout seul. C'est pourquoi il s'est entouré d'un groupe de conseillers appelé le «Brain Trust». Ce groupe d'hommes et d'une femme l'ont aidé à construire la vision du «New Deal».[6]

Parlons donc des particularités du métier de bâtisseur. Notez que les exemples dont nous avons parlé ont construit des cathédrales (Gaudi), des entreprises (Musk) et, entre autres, le Civilian Conservation Corps (le Brain Trust). Il est donc clair que les bâtisseurs construisent des «choses». Cependant, ils construisent également des relations. Les bâtisseurs ne connaissent peut-être pas la réponse, mais ils connaissent généralement quelqu'un qui sait. Par conséquent, ils disposent généralement d'un excellent réseau de personnes qui les aident en leur fournissant la bonne expertise au bon moment.

Parce qu'ils examinent tous les détails, les bâtisseurs voient souvent toutes les raisons pour lesquelles une chose ne peut être faite. Cela les met en opposition naturelle avec les entrepreneurs qui, pour rappel, ne voient généralement que les raisons pour lesquelles les choses peuvent être faites. Par conséquent, il peut être difficile de trouver un bon accouplage entrepreneur-bâtisseur. Un bon bâtisseur doit rester «réellement fidèle» à la vision. Il ou elle doit mettre en œuvre la vision tout en respectant les réalités des budgets, les contraintes de ressources et les gens qui pensent tout simplement que c'est une mauvaise idée. S'ils ne font pas attention, les bâtisseurs peuvent se retrouver entre un entrepreneur qui a l'impression que sa vision a été compromise et beaucoup de gens touchés qui ne pensent pas qu'elle a été suffisamment compromise !

Rappelez-vous que dans le précédent chapitre, nous avons parlé de la nécessité pour les entrepreneurs de «voyager léger» et d'être prêts à bouger lorsque leur vision est transmise aux bonnes personnes. Parce que les bâtisseurs ont besoin d'outils physiques (stylo, papier, ordinateur, tablette) et virtuels (réseaux, réalisations antérieures), ils ne se déplacent généralement pas aussi rapidement ou volontairement. Si un bâtisseur a une vision à mettre en œuvre, sa concentration et son dynamisme peuvent le maintenir concentré sur un seul projet pendant des années, voire des décennies !

Donc, si l'entrepreneur présente l'idée et que le bâtisseur la met en œuvre, c'est fini, non ? Pas tout à fait. Pensez à votre maison ou à votre appartement. Il a probablement été bâti en quelques mois ou en quelques années au maximum. Si vous ne prenez pas le temps de régler les petits problèmes (fuites, aménagement paysager, etc.), ils deviennent importants. En fait, j'ai récemment vu un lotissement qui n'était que partiellement construit et qui n'a jamais été habité. Dans quelques années seulement, ces structures ne vaudront plus rien ! Alors, qui peut vous aider à prendre cette vision brillante et lumineuse que vous venez de traduire dans la réalité et à la faire durer ? Les exploitants.

Exploitants

Chaque mois, plus de dix milliards de pages sur Wikipédia sont consultées dans le monde entier. Qui est responsable de plus de 22 millions d'articles dans 285 langues ? Il pourrait s'agir du gentil vieil homme dans la rue, de la nounou voisine qui conduit une voiture couverte de smiley, ou du stagiaire d'été au ministère des Finances. Bref, ça pourrait être n'importe qui, et c'est exactement comme cela que Jimmy Wales, cofondateur de Wikipédia, l'avait envisagé. La vision de Wales a porté l'entreprise pendant six ans. En fait, de 2001 à 2007, Wikipedia est passé d'un article à plus de deux millions, et de l'extérieur, cela ressemblait à une véritable réussite d'une cyberentreprise.[1]

À l'intérieur, les choses semblaient différentes. L'association à but non lucratif Wikimédia avait un personnel de sept personnes logées dans un centre commercial en Floride et cherchait un directeur exécutif après le départ du premier au bout de huit mois. Le 16 avril 2007, après avoir visité la page Wikipedia Talk sur les fusillades à Virginia Tech à Blacksburg, en Virginie, un jeune chômeur de trente-neuf ans au Canada est tombé sur l'annonce de la Fondation pour un poste de directeur. Sue Gardner a postulé et mis en place une organisation qui pourrait mieux répondre aux besoins des millions de contributeurs de Wikipédia.[2]

Si nous traduisons l'histoire de Wikipedia dans les termes de ce livre, Wales était clairement l'entrepreneur. Ses idées ont permis à l'entreprise de trouver un bâtisseur et Gardner a réussi à remplir ce rôle. Comment Wikipédia continue-t-elle d'être pertinente dix ans après sa création alors que de nombreux autres sites (mieux financés) ont échoué ? Je crois que la réponse, ce sont les exploitants. Wikipédia dispose d'une base de millions de «citoyens moyens» qui se contrôlent eux-mêmes et s'assurent que le contenu de Wikipédia respecte les directives qu'ils établissent. Ce modèle nécessite peu d'investissement à long terme (les récentes campagnes annuelles de collecte de fonds avaient un objectif de 15 à 20 millions de dollars) tout en garantissant la ponctualité. Les contributeurs de Wikipédia sont connus pour «courir» pour l'honneur de mettre à jour une page après un événement digne d'intérêt (championnats sportifs, catastrophes, nouveaux restaurants, etc.). Wikipedia nous montre que la combinaison d'un visionnaire, d'un constructeur et des exploitants a la capacité de créer un modèle d'affaires réussi à long terme.

Nous jouons tous un rôle d'exploitant dans notre vie. Tondre l'herbe ? Vous l'entretenez pour qu'il ne dépasse pas une certaine hauteur. Nettoyer la salle de bains ? Vous vous assurez que la toilette, la douche ou le lavabo sont aussi beaux que lorsqu'ils étaient neufs. Changer l'huile de la voiture (ou payer quelqu'un d'autre pour le faire) ? Des vidanges d'huile régulières permettent à votre moteur de fonctionner en douceur et d'obtenir de meilleures performances maintenant et, si tout va bien, une meilleure valeur de revente plus tard. Cependant, la nécessité d'entretenir ne signifie pas que tout le monde en profite. Le gars qui tond plusieurs fois par semaine pour garder son gazon exactement à un pouce de hauteur le fait parce qu'il aime ça. Moi ? Je tonds toutes les semaines ou toutes les deux semaines pour garder mon gazon à moins de cinq ou six pouces de hauteur. Ainsi, la première étape dans l'identification d'un exploitant est de trouver quelqu'un qui aime garder une apparence (ou un fonctionnement) des choses comme elles l'étaient auparavant.

Une fois à bord, les exploitants sont de grands adeptes des règles et sont particulièrement doués pour respecter le plan. Ils excellent dans les procédures à appliquer étape par étape, ce que les entrepreneurs et les bâtisseurs détestent absolument. Généralement, les exploitants ne sont pas du genre à sortir des sentiers battus et ils sont plus que satisfaits de cela. C'est pourquoi un exploitant qui adhère à la vision et à la façon dont elle est mise en place vaut son pesant d'or. Comme les exploitants ne créent généralement pas de changement, ils peuvent être moins à l'aise avec cela que les entrepreneurs et les bâtisseurs. Les exploitants sont plus à l'aise lorsqu'ils peuvent voir un produit fini avant qu'on leur demande de faire une transition. Ils peuvent maintenir le navire à flot pendant que le visionnaire prépare le prochain grand projet et que le bâtisseur déploie tous ses efforts pour changer les choses en fonction de la vision.

Une chose surprenante à propos des exploitants c'est qu'ils obtiennent peu de considération. Le monde est fasciné par ceux qui imaginent et créent des choses étonnantes. Thomas Edison et ses plus de mille brevets, les fresques de Michel-Ange au plafond de la Chapelle Sixtine, Ludwig van Beethoven et ses symphonies, tous célèbres pour leur contribution exceptionnelle à la société. Pourtant, sans les exploitants qui utilisent les idées d'Edison ou assurent l'entretien quotidien de la Chapelle Sixtine ou continuent à interpréter les œuvres de Beethoven, nous perdrions leurs idées au profit du temps. Quelqu'un doit garder de grandes idées devant nous. Les exploitants le font joyeusement avec peu de reconnaissance.

Enfin, les exploitants sont excellents dans leur engagement à long terme. Vingt-cinq ans dans la même entreprise, dans le même immeuble, à faire à peu près le même travail ? C'est une formule qui rendrait fous la plupart des entrepreneurs et des bâtisseurs, mais les exploitants sont la base de la plupart des organisations mondiales (à but lucratif et non lucratif) dans le monde actuel. Ils sont clairement l'épine dorsale de Wikipédia. Il est incroyable de penser que sept personnes dans le monde, indé-pendamment de leur intelligence et de leur capacité à travailler, pourraient produire une encyclopédie complète du savoir humain dans près de trois cents langues. Pourtant, cela a été fait. Pas seulement par sept âmes solitaires, mais par des millions de personnes qui se consacrent au respect de la vision de Jimmy Wales d'une «encyclopédie libre, collaborative, ouverte à la contribution des gens ordinaires."[3]

Conclusion

Lorsque votre profil et votre rôle à la maison, au travail ou ailleurs concordent, vous êtes susceptible d'être extrêmement productif et heureux de ce que vous faites. Mais que se passe-t-il quand, en tant que jeune entrepreneur, vos idées sont ignorées alors que vous devez construire les rêves des autres ? Ou, en tant que bâtisseur, vous êtes censé maintenir le processus en trente-six étapes que vous venez de créer. Ou, en tant que exploitants, vous êtes dans un rôle où tout le monde se tourne vers vous pour fournir une stratégie et une orientation pour l'avenir ? Lorsque vos tendances d'entrepreneur, de bâtisseur ou d'exploitant ne correspondent pas à votre rôle dans une organisation, il y a une forte probabilité de frustration et d'épuisement professionnel. Aujourd'hui, je vous mets au défi de commencer à chercher des rôles qui valorisent vos forces. Ensuite, regardez autour de vous pour voir de quels types vous devez vous entourer. Aucun des trois profils ne peut exister de manière productive seul. En fait, les types sont multiplicatifs et non additifs. Ce n'est pas Entrepreneur + Bâtisseur + Exploitant ; c'est Entrepreneur x Bâtisseur x Exploitant - les forces de chaque type multiplient celles des autres.

Un entrepreneur imagine, un bâtisseur met en œuvre et un exploitant améliore les performances.

Vous avez lu le livre, maintenant passez l'évaluation !

Visitez <u>kennethefields.com</u> et cliquez sur le lien « Assessment » pour un téléchargement gratuit. Cet outil peut vous aider à identifier à la fois votre type de personnalité en gestion du changement et les types de personnes qui vous entourent.

Annexe 1

Un bref résumé de certaines caractéristiques des trois types de personnes.

Entrepreneurs

Le temps - Focalisé sur l'avenir / long terme - «À quoi devrait-il ressembler ?»

Points forts - Avoir une vue d'ensemble et être une «personne d'idées».

Faiblesses - Mise en œuvre de leurs idées ; en particulier, estimation irréaliste des ressources.

Opinion sur le changement - «J'adore ça ! Je ne peux pas imaginer laisser les choses telles qu'elles sont.»

Exemples - John F. Kennedy, Jimmy Wales, Elon Musk

Bâtisseurs

Le temps - Focalisé sur les prochaines mois et années / moyen terme - «Que dois-je faire pour nous amener là où nous devons aller ?»

Points forts - Planification, organisation

Faiblesses - Penser hors des sentiers battus, créativité.

Opinion concernant le changement - «C'est bon si c'est moi qui en suis responsable.»

Exemples - Werner von Braun, Sue Gardener

Exploitants

Le temps - Focalisé sur aujourd'hui / court terme - «Comment faire pour remettre ce bazar comme avant - la bonne voie ?»

Points forts - Cohérence, Fiabilité

Faiblesses - Voir la situation dans son ensemble, accueillir positivement le changement.

Opinion sur le changement - «Non, merci.»

Exemples - Comme leurs contributions sont souvent «en coulisse», il est difficile de trouver des exemples connus. Les éditeurs de Wikipédia sont un bon exemple d'exploitants.

Références

Alors, que fait-on maintenant ?

[1] Nouvelle version internationale, 2 Samuel 7

[2] 1 Kings 5–6

[3] 1 Chronicles 23

[4] "Siege of Jerusalem (70)" Wikipedia, http://en.wikipedia.org/wiki/Siege_of_Jerusalem_(70), consulté le 29 juillet 2012.

Entrepreneurs

[1] «John F. Kennedy «, Wikipedia, http://en.wikipedia.org/wiki/John_F._Kennedy, consulté le 9 octobre 2012.

[2] Richard Langworth, Editor, *Churchill By Himself: The Definitive Collection of Quotations* (New York: PublicAffairs, 2008), 497.

[3] Jim Collins, *Good to Great* (New York: Collins, 2001), 18–20.

Bâtisseurs

[1] "Antoni Gaudí," Wikipedia, http://en.wikipedia.org/wiki/Antoni_Gaud%C3%AD, retrieved July 29, 2012.

[2] "Sagrada Família," Wikipedia, http://en.wikipedia.org/wiki/Sagrada_Fam%C3%ADlia, retrieved July 29, 2012.

[3] "Saturn (rocket family)," Wikipedia, http://en.wikipedia.org/wiki/Saturn_(rocket_family), retrieved July 29, 2012.

[4] "Wernher von Braun," Wikipedia, http://en.wikipedia.org/wiki/Wernher_von_Braun, retrieved July 29, 2012.

[5] «New Deal», Wikipedia, http://en.wikipedia.org/wiki/New_deal, consulté le 18 mai 2008.

[6] «Brain Trust», Wikipedia, http://en.wikipedia.org/wiki/Brain_trust, consulté le 18 mai 2008.

Exploitants

[1] "History of Wikipedia" Wikipedia, http://en.wikipedia.org/wiki/History_of_Wikipedia, consulté le 25 juillet 2012.

[2] Valby, K (2011, April), "Librarian to the World," *Fast Company, 154*, http://www.fastcompany.com/magazine/154/librarian-to-the-world.html, consulté le 30 juillet 2012.

[3] "History of Wikipedia," Wikipedia.